我们一起解决问题

数据驱动销售增长

韩三普◎著

人民邮电出版社

北　京

图书在版编目（ＣＩＰ）数据

数据驱动销售增长 / 韩三普著. -- 北京 ：人民邮
电出版社，2024.6
ISBN 978-7-115-64261-5

Ⅰ．①数… Ⅱ．①韩… Ⅲ．①数字技术－应用－销售
管理 Ⅳ．①F713.3-39

中国国家版本馆CIP数据核字(2024)第078633号

内 容 提 要

数据驱动销售不仅仅是一种技术或工具，它更代表了一种思维方式的转变。这种转变要求销售人员和市场营销人员更加注重数据分析在决策过程中的关键作用，以此提高销售业绩、增强企业的市场竞争力。

本书详尽阐述了 DMSO 模型如何在提升销售团队效能方面发挥显著作用；深入剖析了销售招聘与培训领域的创新策略和行之有效的方法；阐明了在赢得潜在客户之后，如何运用数据分析来指导销售活动，以实现销售目标的增长。此外，本书从销售绩效回顾的视角，对销售行为与关键业绩指标之间的关联进行了透彻的分析。

本书主要适合销售人员、市场营销人员、数据分析师、企业管理者，以及相关专业的师生阅读和使用。

◆　　著　韩三普
责任编辑　程珍珍
责任印制　彭志环

◆ 人民邮电出版社出版发行　　北京市丰台区成寿寺路 11 号
邮编 100164　电子邮件 315@ptpress.com.cn
网址 https://www.ptpress.com.cn
北京天宇星印刷厂印刷

◆ 开本：700×1000　1/16
印张：15.5　　　　　　　　2024 年 6 月第 1 版
字数：280 千字　　　　　　2025 年 7 月北京第 4 次印刷

定　价：69.80 元
读者服务热线：（010）81055656　印装质量热线：（010）81055316
反盗版热线：（010）81055315

推荐序一

数据驱动的方式将改变销售世界

当今时代，销售广泛而深入地渗透于各行各业。许多业界人士，包括一些优秀的企业管理者，倾向于将销售视作一门艺术，他们认为要找到一套可以有效复制的方法和流程颇具挑战性。他们通常通过选拔一名出色的销售主管来应对销售管理上的难题。

然而，组织销售能力的建设是一项极具挑战性的任务。一方面，销售对任何一家企业来说，都是很重要的活动。销售能力对于企业适应不断变化的经济环境至关重要。管理者不可能完全依靠非理性的"艺术"经验和感觉来建设与管理自身的销售能力。另一方面，销售过程受到多种因素的影响，包括业务流程、销售人员的个人能力及整个组织的协作，这些都需要更加细致的管理和持续优化。

企业管理者必须时刻关注市场的变化，包括客户行为的变化、科技的发展应用及销售团队的进步。缺乏一套可复制、可持续、科学的销售方法，销售管理将难以持续稳定地实现其预定目标。

因此，我一直在探索和尝试更加科学的销售管理方式。2021 年拜读了马克·罗伯格的《销售加速公式：如何实现从 0 到 1 亿美元的火箭式增长》一书后，我对可衡量的销售管理有了更深的理解。我认识到，尽管管理智慧可以跨越国界，但必须根据具体情况调整理论和模型框架，以确保它们在新的环境中同样有效。

读完这本书，令我感到惊喜的是，书中提出了一种出人意料却又合理的创新性的销售数据利用方法，并详细阐述了如何将这种数据驱动的方法贯穿企业销售业务的始终，包括销售团队的建设、寻找潜在客户、实现销售转化，以及最终实现整个组织的协同。

在当今数字化浪潮中，数据成为生产要素，有些企业可能已经在销售管理中有了应用数据的实践。但是本书将揭示一个事实，你当前利用的销售数据不过是沧海一粟。当前企业的管理者和销售负责人利用的数据大多是结果导向的数据，如销售业绩、线索数量、销售周期、漏斗转化率等，却疏于利用记录销售人员如何行动、如何与客户沟通等过程的会话数据。

很多企业都秉持"以客户为中心"的理念，但一线工作者真的落实这个理念了吗？客户感受到了吗？本书提出的数据驱动销售是一种独有的帮助你把"以客户为中心"的理念落实到实际行动中的有效方法。本书首次提出了客户信号理论，它通过分析全量销售跟进数据，揭示客户行为的信号及其与成交的联系，并根据这些信号采取相应的措施，以实现最佳的销售结果。要真正做到以客户为中心，应从听懂客户的声音开始。

无论是致力于建设销售团队的创业者、探索科学销售方法的管理者，还是面临收入增长瓶颈或寻求更高增速的企业家，我都推荐你们阅读这本书。书中介绍的数据驱动销售理论和方法，将为你和团队带来全新的指导、思考和启示。

在市场变化和科技发展交互作用的经济环境中，大数据、云计算、人工智能等前沿技术已经渗透商业领域，推动销售管理走向更加智能化、精细化的方向。企业唯有快速跟上时代步伐，才能在激烈的竞争中抢得先机，赢得未来。我相信，在当前及未来的数智化浪潮中，数据驱动的方式将彻底改变销售世界。它将引领企业走出传统销售的舒适区，在思维和行动上做出改变，踏上销售增长新征程。

贺佳波

SaaS 专家、前北森总裁

推荐序二

开创我国数据驱动型销售实践和理论研究之先河

我有幸拜读了这本书，获益良多。

在商业管理教育和实践领域，有大量关于市场营销的研究和理论，而处于企业收入现金流产生流程较后阶段的销售却往往不被重视。然而，销售是实现市场营销策略的关键手段，是企业实现业务增长和盈利的关键环节，直接影响着企业的业绩和竞争优势。销售人员扮演着与客户直接互动的角色，他们说服客户购买产品或接受服务，从而完成交易。我们不能忽视销售管理在商业成功中的重要性。

本书将企业的销售管理实践升华成一个理论体系，补充和丰富了销售理论。我希望这是一个良好的开端，鼓励更多企业家将我国企业的管理经验总结、分享，推动我国管理学理论和实践的发展。

本书作者韩三普是一位连续创业者，拥有多年的企业增长经验，还成立了一家专门研究销售科技和赋能销售增长的企业。数据驱动销售正是他在大量思考和实践基础上提炼出来的方法论，不仅具备理论上的系统性、专业性和科学性，在商业实践中还具有较高的实用参考价值。

如何让企业的销售战略落地，如何让一家企业或一个组织的销售管理从粗放式走向精细化，如何通过精细化的销售管理实现收入增长，是本书探讨的核心问题。本书不是只针对某些特定的行业，而是适用于任何一家力求销售创新、不断追求增长的企业。作者在书中为现代企业的销售全流程管理提供了实用的指导策略。

（1）销售招聘。企业管理者都执着于找到优秀的销售人员，但优秀的销售人员应该具备什么特质？本书主张从数据中确定本企业优秀的销售人员具备的特质，使招聘有的放矢。

（2）销售培训。本书提出了一种新的销售培训方法——TEMT闭环培训法，帮助企业构建销售团队的数字化成长生态。

（3）线索管理。通过精进和优化客户画像、获客方式与渠道，打造一个源源不断地流入更多、更精准的潜在客户的线索池。

（4）交易跟进。大多数企业的销售跟进过程是一个"黑盒"，是一个看不见的过程。作者提倡利用全量销售数据，捕捉客户发出的各种信号，听懂客户的声音。

（5）销售复盘。摆脱经验和直觉，借助数据，企业可以科学地剖析各种现象背后的原因。

（6）组织协同。销售不仅是一个部门的事情，产研、市场、售后服务等部门协同才能创造持续的销售增长。

科技发展引发的生产要素、生产工具和生产力变革已经到来，对于企业管理者来说，更高层次的管理挑战已悄然而至。谁先了解更先进的销售管理思想和理论，谁便更有可能在激烈的市场竞争中抢占先机。无论是初次进行销售管理实践的创业者，还是已经拥有丰富销售管理经验的企业家和管理者，本书都值得阅读。数据驱动的理念将在企业销售增长中发挥重要作用，有力推动企业在当前变革时代实现创新发展。

刘红岩

清华大学经济管理学院教授

前　言

企业发展已步入"新常态"，在这一阶段，数智化转型成为企业取得成功的关键因素。现今，企业面临的挑战愈发复杂，仅凭人工和经验驱动的管理方式已不足以支撑企业的发展，而那些能够迅速采纳数智化策略的企业，往往能在市场竞争中占据优势。

本书聚焦一种适应时代发展趋势的销售方法论——数据驱动销售，旨在为销售组织的数智化转型和收益增长提供清晰的指导方针与具体的实践路径。

在详细探讨这套销售方法论之前，我们首先从其发展谈起。销售不仅仅是一次性的交易，更需要思考如何持续并长期地推广产品或服务。为了有效实现这一目标，我们需要一套行之有效的方法论。该方法论对于销售人员个人和整个销售组织都至关重要。一套优秀的销售方法论融合了前人成功的销售经验，能够为销售人员提供清晰的销售路径，这不仅缩短了他们的成长周期，还降低了企业的试错成本，从而提升了企业成功的概率。

销售方法论随着客户需求、客户行为及新兴技术的发展而不断演化。在过去 100 多年里，众多创新的销售方法不断出现，形成了不同的流派和体系。这些方法大致分为三类。

1. 产品型销售

在传统的产品型销售模式中，产品是交易的核心。销售代表与客户之间的交流主要围绕产品特性展开。在过去，特别是在互联网广泛普及之前，由于信息获取途径的限制，买家往往难以全面了解产品，因此他们不得不依赖销售人员提供产品和服务的信息。在这一背景下，销售代表充当了产品专家的角色，他们利用在专业培训中获得的知识来匹配客户的需求与产品特性，向客户阐释产品的功能、解决问题的能力及满足特定需求的方式。客户通常会倾向于选择那些他们认为具有"最优"特性的产品的销售商。

不过，产品型销售逐渐无法满足销售组织的要求。一方面，在竞争激烈的市场环境中，同质化产品的泛滥使得开发与维护具有差异化的产品成本不断攀升。另一方面，互联网技术的广泛应用消除了过去信息不对称的局面。此外，随着集成销售概念的兴起，客户的购买方式发生了变化。在这种模式下，客户寻求的是全面的采购解决方案，而不仅仅是单一的产品。显然，单纯的产品型销售策略已经不能适应当前的市场环境。

2. 关系型销售

关系型销售强调的是销售人员与客户之间和谐关系的建立，而不仅仅是产品特性、功能或价格的简单传递。为此，销售人员通常会花费更多时间去了解潜在客户的需求，通过积极倾听他们的意见来识别他们的具体需求，并主动提供相应的帮助。

在互联网时代，人们越来越注重效率和投入产出比。面对市场环境的变化，企业持续优化人员配置。决策者往往没有时间与销售人员建立深层次关系。他们目标明确、理性行事。如今，销售成果更多依赖于商业策略而非个人伙伴关系。

3. 顾问式销售

在这种销售模式下，销售人员更像客户的顾问。他们不再推销特定的产品，不再强调"卖"，而是专注于深入了解客户的需求和问题，为其提供既有吸引力又高效的解决方案，从而成为客户决策过程中的重要参谋。这种方法尤其适用于那些已经对产品有所了解但尚未确定最适合自己产品的客户。在当前产品同质化日益严重的背景下，这种销售方式成了一种主流趋势。其中，众所周知的 SPIN 销售技巧便是顾问式销售策略中的一种典型应用。

在演变过程中，各种销售方法论之间的关系并非彼此完全替代，而是相互借鉴、有选择地融合并共同进化。目前，以上三种销售方法论仍然被众多企业所采纳和应用。

随着企业发展进入新常态，现有的销售策略和方法是否足以应对当前及未来的市场风险和挑战？

在数智化时代，数据是核心的生产要素之一。企业是否能够充分利用数据并深入挖掘其价值，将是决定成功与否的关键因素。从这个角度出发，我们可以看出，当前的销售方法论都还未满足要求。因为它们缺乏对数智化时代销售的核心生产要素——销售数据的有效利用。

销售数据蕴含着宝贵的信息，这些信息不仅能帮助企业更准确地把握客户需求，还能让企业更直观地监控销售流程。

买方希望卖方能深刻理解他们的特定需求、期望和目标，这三点也是决定客户购买行为的关键因素。那些能够准确把握买方需求的销售人员，往往更有可能取得成功。那么，我们应该如何获取有关客户需求、期望和目标的信息呢？其实，这些信息就隐藏在各类销售数据中。

完整的销售数据对于企业来说至关重要。如今销售数据的收集过程已经变得非常简便和高效。随着呼叫中心、客户关系管理系统及其他各种办公软件的发展成熟，销售人员与客户之间的每一次在线互动都能被详细记录。无论是客户的点击、浏览、下载还是转发行为，或是销售人员拨出的电话、进行的视频会议，以及他们在各类办公软件上的语音和文字沟通，所有这些信息都可以被系统地存储起来。至于线下场景，如银行营业厅，也有众多自动化录音工具可供利用。这些工具大大提升了销售过程中信息记录的准确性和便捷性。

企业在使用销售方法论时面临一项挑战：过分强调理论而忽视实践可能导致执行上的困难。相同的销售策略由不同的销售人员实施，可能会产生不同的业绩。鉴于销售过程难以直接观察，企业往往无法科学地分析为何同一销售策略会带来不同结果，从而难以识别促成交易的关键因素，并且难以将成功的案例转化为可标准化和可扩展的模式。

随着我们迈入数智化时代，新技术环境要求我们探索并应用创新的方法来应对挑战，以此推动销售增长。

在探讨新的销售策略之前，我们应该先了解为什么在数智化时代，数据分析成了新型销售方法的核心要素。

1. 数据驱动的销售方法让销售人员能更深入地理解客户需求

将客户需求置于核心位置是许多企业经营策略的关键。为此，销售人员必须认真聆听客户的心声，以深刻理解客户的期望和目标。当客户意识到自身的问题和痛点时，或是仅仅感觉到不适而无法明确原因时，销售人员需要准确捕捉这些信号，揭示潜在问题，并与客户一起探索解决方案。通过这一过程，销售人员不仅传递了价值，而且为客户创造了价值，协助他们在信息充分的基础上做出明智的选择。

完整的销售数据真实地记录了所有销售的结果和流程。通过分析客户与销售人员的沟通和行为数据，企业能够还原交流场景，理解对话内容及其形式，并识别其中的信号意义，使销售人员采取有针对性的措施。同时，对成交客户的来源、规模和分布等特征进行综合分析，使销售人员能够准确判断客户的购买偏好、习惯，识别最有效的获客渠道，并不断优化目标客户画像。简言之，销售数据是深入了解客户的重要抓手。通过全面分析销售数据，销售人员能够掌握更多更深层次的客户信息，从而有效促进产品的销售。

2. 数据是销售人员的"录像带"

数据在商业领域的作用就像体育运动员比赛结束后观看的录像带。通过复盘自己的表现，运动员能够提升自身的能力和技巧；同时，他们也会借助录像带来研究对手的表现，以便制定出战胜对手的策略。例如，NBA 篮球运动员科比·布莱恩特（Kobe Bryant）曾表示，对他比赛影响最大的是他不断反复观看比赛录像的习惯，这帮助他提升了篮球智慧。同样地，为了掌握新的技巧，他会细致地分析对手的比赛录像，将新动作"吸收"并加以实践，从而丰富自己的技能储备。

对于销售人员而言，销售数据犹如一卷详尽的"录像带"。通过这些数据，销售人员能够回放并分析自己与客户互动的过程，深入挖掘客户的痛点与需求，同时借鉴优秀同仁的沟通策略。这些反映实际销售情况的数据，将成为销售人员职业成长和成功成交的利器。

3. 数据正逐渐成为企业增长的新引擎

在传统销售模式中，整个销售过程类似于一个不透明的"黑盒"，决策者通常依赖直觉和经验做出选择。这种方法在市场参与者较少的初创阶段或许有效，但随着市场竞争加剧和经济环境变得严峻，如果继续采用这种策略，企业的销售增长将会受到限制。

销售数据将改变这种境况。它为企业提供了精准的信息，助力企业深入了解客户需求，并优化销售流程。因此，企业的销售策略应更多地依赖于数据分析和洞察力，而非仅凭经验或直觉。对企业而言，有效地将销售数据转换为有价值的见解和具体行动，对于提高销售效率与促进业务增长至关重要。

在数智化时代，企业对数据应用的能力正日益成为衡量其智能化水平的重要标准。本书所介绍的数据驱动型销售方法强调了科学数据分析和应用在优化销售流程与提高效率方面的重要性。

数据驱动型销售的关键在于对数据的有效利用，而其成效则取决于关键数据指标。这些指标是数据分析和洞察的基石，它们为企业提供了有助于深入分析销售状况、识别潜在问题和捕捉市场机遇的精确信息。因此，企业必须明确并关注那些能够确保销售数据被有效应用的关键指标。

关键数据指标包括结果指标和过程指标。以销售领域中的一种重要数据——会话数据为例，我们可以进一步探讨过程指标和结果指标的概念。会话过程指标是用于衡量销售人员与客户沟通过程中的关键表现的指标。例如，表 1 列举了一些常见的会话过程指标及其定义。

表 1　会话过程指标示例

会话过程指标	定义
通话次数	一段时期内，销售人员与客户沟通的次数。这一指标能够在一定程度上反映销售人员的工作投入程度
总通话时长	同一时期内，销售人员与客户的所有沟通所用的时间长度。这一指标可以作为上一指标的联动指标，共同评价销售人员的努力程度
平均通话时长	同一时期内，销售人员每次与客户沟通的平均持续时长，即总通话时长除以通话次数

（续表）

会话过程指标	定义
销售提问次数	一次沟通中，销售人员提问客户的次数。这一指标可以用来衡量销售人员对客户需求的挖掘深度，还可以分析最佳的提问次数是多少
提问频率	一次沟通中，销售人员平均隔多长时间进行一次提问。这可以在一定程度上衡量客户对销售人员所提问的问题的回答时长
销售说话占比	一次沟通中，销售人员说话的时长占总沟通时长的比例。通过这一指标可以判断销售人员说话和倾听的占比分布，进而判断在销售流程的每一个环节上销售人员应"少说多听"，还是"少听多说"
客户异议次数	一次沟通中，客户提出异议的次数
回复客户异议前的停顿时长	客户提出异议和销售人员做出回复之间的时间长度
参与沟通的客户方人数	一次沟通中，客户参与这次沟通的人数。结合参与人的职位，可以分析参与人数及其角色对成交率的影响
短信、邮件的长度	短信、邮件的长度是分析文字字数、篇幅长短对客户打开率的影响的基本指标
客户提问次数	一次沟通中，客户向销售人员提问的次数可以在一定程度上衡量客户的购买意愿
价格谈论次数	一次沟通中，销售人员和客户谈论价格的次数
谈论××话题的次数	一次沟通中，销售人员和客户的交流中谈及××话题的次数
谈论××话题的时长	一次沟通中，销售人员和客户的交流中谈论××话题持续的时间
针对××话题使用的词汇	销售人员与客户针对××话题进行沟通时，使用的具体词汇。据此可以发现针对某一话题使用何种词汇进行回答更能促进交易进行
优秀销售人员常用技巧	在与客户沟通的过程中，销售人员经常使用哪些技巧。通过该指标可以发现优秀销售人员在不同跟进阶段的沟通的特点，可用于培训和辅导其他销售人员

　　由于不同组织提供的产品和服务各有特点，它们在各自的应用场景中会产生特有的会话数据指标。以房地产销售为例，建立案场销售人员与客户之间良好的关系和信任至关重要。为了识别哪些话题能够更好地促进与客户的亲近

感，我们可以引入一个新的会话指标——客户在对话中提到的非业务性话题，如跑步、健身或孩子的教育等。通过分析这些数据并结合目标购房人群的特征，我们可以更精确地了解哪些特定话题对不同类型的购房者具有吸引力。

会话过程指标的意义在于它们能够量化销售活动，从而促进销售活动的标准化与可复制性。

销售结果指标则用于评估销售成果，具体内容如表II所示。

表II 销售结果指标示例

销售结果指标	定义
达成下一步计划	在销售人员与客户的沟通中，是否约定了下一步计划，如登门拜访时间、下一次会议时间、下一次沟通内容等
销售额	销售组织销售产品，从买方处收到的全部价款
销售量	卖出的产品/服务的数量
MQL 数量	Marketing Qualified Lead，即市场合格线索
SQL 数量	Sales Qualified Lead，即销售合格线索
转化率	销售漏斗中上一环节至紧邻的下一环节的转化率，是某一环节的客户数量与其上一环节的客户数量的比例。例如，MQL 是 100 条，其下一环节 SQL 是 60 条，那么 MQL 转化为 SQL 的转化率就是 60%
赢单率	赢单数与商机数的比率
销售周期长度	初次联系到签订合同所用的时间长度

在获取了会话过程指标和销售结果指标之后，销售组织即可对这两者进行联合分析，以识别促进销售结果改善的关键因素。通过数据分析，销售组织能够明确了解销售团队业绩表现差异的原因，并能够规模化地复制成功的销售经验。

销售结合了艺术与科学的元素。正所谓"千人千面"，每位优秀的销售人员都有其独特的成功之道。销售人员是产品与客户之间沟通的桥梁，他们在完成销售过程中扮演着至关重要的角色。人类的多样化情感和情绪使得销售互动变得复杂而多变。言语之外的一个眼神、一个肢体动作、一个面部表情，都能传递丰富的信息。

销售的科学性体现于其标准化与可复制性方面。当企业发展至一定阶段时，必须建立标准的销售模式，这不仅为规模化复制打下基础，而且是销售成熟的重要标志。通过这种方式，企业能够实现规模扩张和利润增长，从而增强其市场竞争力。同时，销售的艺术也在于将其科学化；艺术的美妙在于其不可预知性。然而，一旦艺术被理解并得以明确，它就能够被标准化地表达和规模化地复制。

我们可以通过二八法则来阐释销售中的艺术与科学，即销售成功 20% 依赖于艺术，而 80% 依赖于科学。 之前，由于缺乏对销售行为的量化手段，销售组织难以科学分析优秀销售人员的成功原因。因此，销售成功的秘诀往往被视为一种难以捉摸的艺术。然而，随着关键数据指标的出现，销售行为得以转化为具体且可度量的指标，从而为艺术与科学的结合奠定了坚实的基础。

接下来，我们将深入探讨本书介绍的数据驱动型销售方法的核心理念——DMSO 模型。DMSO 模型的含义如图 I 所示。

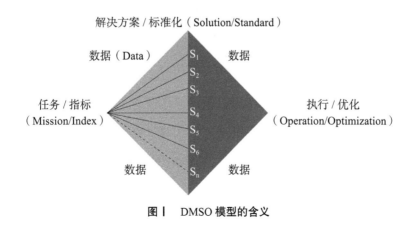

图 I　DMSO 模型的含义

1.任务管理 DMSO 模型

每家企业都担负着收入增长的任务。在这个模型中，我们采用了先发散后收敛的方法，通过探索多种达成任务的解决方案，并从中挑选出最优的方案来执行，以促使任务的完成。在整个过程中，数据的收集与分析至关重要，因为它帮助我们确定了最佳的解决方案，并允许我们持续调整行动计划以提高成效。

2.DMSO 模型的内涵

（1）数据。我们需要收集所有与销售相关的数据。通过全面收集数据，我们可以深入理解销售流程。

（2）指标。我们需要对数据进行量化分析，将其转化为具体的指标和度量标准。例如，我们可以将销售额、销售周期等指标进行量化，以更好地评估销售绩效和效率。

（3）标准化。在对指标进行量化分析后，我们可以将这些指标和行为标准化。通过定义明确的标准，我们可以建立一个衡量销售绩效和效率的框架。这有助于提高团队一致性和明确目标，使得销售人员能够清楚知道他们需要达到的标准。

（4）优化。通过数据分析和洞察力，我们可以不断优化销售行为。这涉及利用数据不断发现销售过程中的改进点和机会，并采取相应的行动来提升效率和业绩，包括调整销售策略、做好销售人员培训、优化销售流程等。

本书详细阐述了 DMSO 模型如何在销售的各个阶段——包括招聘、培训、线索管理、交易跟进、销售回顾及协同工作中发挥关键作用，从而推动销售组织的精细化管理并促进销售额的增长。

第一篇　打造高水平销售团队

第二篇　成功吸引并维护客户

第 3 章　客户画像

第 4 章　获取销售线索

第5章　销售线索闭环管理

第6章　经验主义搬用销售方法论

第 7 章　从听懂客户的声音开始

第三篇　销售复盘和部门协同

第 11 章　企业全链路增长象限

打造高水平销售团队

　　成事之要，关键在人。在充满竞争的商业领域，企业的成功与否往往取决于其人才的质量。构建一个高水平的销售团队对于追求卓越的企业来说至关重要。然而，打造一个高水平的销售团队绝非易事。这需要制定一套严格的招聘评估机制，实施持续的培训与发展计划，并提供必要的资源支持。因此，本书以团队建设作为开篇主题。在这一篇中，我们将详细讨论 DMSO 模型如何有效提升销售团队的建设成效，并深入探讨销售招聘与培训领域中的创新方法和最佳实践。

第 1 章　筛选出合适的人选

企业在招聘过程中普遍认为，只有招募到顶尖的销售人才，才能助力企业快速发展。然而，这一观点并不完全正确，它可能导致企业在激烈的人才争夺战中陷入不利地位，无形中增加了招聘的成本。

本章将探讨如何运用 DMSO 模型来识别优秀的销售人员特质。首先，我们需对销售数据进行详细分析，以确定关键的数据指标，如通话时长、听与说的比例及特定问题的提问频率等。通过这些指标，我们分析了优秀销售人员的数据指标表现，从而确定本企业优秀销售人员应具备的特征，并将其作为招聘标准。在招聘过程中，企业应优先考虑符合这些特征的候选人。

1.1　你确定招到的是合适的人选吗

确保招到合适的人选对于组建一支高效的销售团队至关重要，这直接影响销售团队的专业化水平。在开始招聘之前，企业必须明确两个关键问题：一是确定所需销售人员的具体条件，二是制定一套有效的评估机制来筛选候选人。

第一个问题明确了招聘的标准，即具备哪些条件的应聘者有资格成为候选人。第二个问题则协助企业评估候选人是否真正满足这些标准，以及他们满足标准的程度，并据此做出是否聘用的决定。

每家企业都希望招聘到优秀人才。但通常意义上的"优秀"销售人员并不总能保证企业销售业绩的增长。与其一味追求所谓的"优秀"人才，不如将目光转向与企业需求相匹配的合适人选。

1.1.1　优秀不等于合适

当采访负责招聘销售人员的管理者时，你会发现他们对于想要招聘的销售人员的描述几乎总会涉及"优秀"这一特质。这种优秀通常体现在沟通能力、人际关系处理、客户拓展、客户资源维护及过往的成功经验等方面。在国内的销售行业中，擅长与人交流并与客户建立良好关系被视为优秀销售人员的必备技能。

在实际招聘过程中，招聘人员和管理者往往将"优秀"作为选拔标准，以此来筛选团队成员。然而，这引发了一个问题：仅凭成员的优秀就能保证团队取得卓越的成绩吗？

以 2018 年勒布朗·詹姆斯（LeBron James）加盟洛杉矶湖人队为例。当时，湖人队已经汇集了一批才华横溢的球员，包括布兰登·英格拉姆（Brandon Ingram）、朗佐·鲍尔（Lonzo Ball）、凯尔·库兹马（Kyle Kuzma）和约什·哈特（Josh Hart）等。因此，人们普遍认为这支球队将成为联盟中的顶级球队。然而，湖人队在勒布朗·詹姆斯加盟后的第一个赛季表现不佳，最终只排名第 10 位。毫无疑问，这是一支由优秀球员组成的球队，但他们却未能创造出卓越的成绩。

对于某个企业而言，一个优秀的销售人员并不一定是适合该企业的销售人员。所谓"优秀"，往往是基于特定环境与需求的结果。因此，当这些环境和需求发生变化时，所谓的"优秀"标准亦可能相应地发生变化。

一方面，不同企业推出的产品与服务各具特色，相应的销售环境也有所差异。一些企业专注于向人力资源部门推广其产品，另一些企业则针对财务部门，还有一些企业致力于服务销售团队。此外，产品的销售周期也各不相同。在企业发展阶段上，有的企业正处于初创期，而有的已经发展成熟。鉴于这些差异，理应采取多样化的销售策略。尽管如此，在招聘销售人员时，很多企业采用的标准却往往一致——追求所谓的"优秀"水平。这种一刀切的做法显然不够合理，因为即使是在前一家公司业绩卓越的销售人员，也不一定能在新环境中继续展现同样的能力。

另一方面，客户的购买行为不断变化。例如，企业客户在做出购买决策时变得更加谨慎，他们倾向于在与卖方建立联系之前自行收集信息，并经常通过线上渠道与卖家进行沟通。此外，企业客户更加注重性价比和投资回报率（Return on Investment，ROI），将成本降低和效率提升作为其主要目标。

销售人员若想取得成功，就必须遵循以客户为中心的原则，密切关注客户需求的变化，并适时调整销售策略。然而，企业所招聘的优秀销售人员是否能够基于他们过往的成功经验，适应企业客户购买行为的变化，则尚未可知。

1.1.2　合适的才是正确的

为了招聘到与企业需求相匹配的销售人员，企业必须做出明智的选择。由于不同企业提供的产品、服务、销售环境及发展阶段各异，对所需的优秀销售人才的要求也会有所不同。因此，每家企业理想的销售人员都会具有一些独特的属性。在招聘时，企业应专注于寻找具备这些特质的人才，以确保他们能够与企业的需求相吻合。

虽然传统意义上认定的优秀销售人才并不一定符合每个企业对优秀销售人

员的定义，但这并不意味着企业应该停止寻找优秀的销售人员。在招聘过程中，管理层不应仅限于传统的优秀销售人才标准，而应充分考虑本企业对销售人员独特属性的需求，并以此作为选拔的依据。

1.1.3 关注冰山下的特质

在正式招聘之前，企业需要明确相应岗位的工作人员应具备的特质。胜任力模型，亦称冰山模型，是在人才招聘和选拔中常用的模型。

胜任力的概念最早可追溯至 20 世纪 60 年代末期，由哈佛大学心理学家戴维·麦克利兰（David C. McClelland）领导的研究小组进行了广泛的研究。他们宣布了一个重要发现：传统的学术能力和知识技能评估并不足以准确预测工作绩效或个人职业的成功。研究表明，影响和决定工作表现的关键在于个人的深层次、持久的行为特征，这些特征被定义为胜任力。随后，胜任力这一概念在管理学界得到了广泛的应用。麦克利兰创建的麦克伯（McBer）咨询公司进一步推广了这一概念及其评估方法，最终形成了如今广为人知的冰山模型，如图1-1 所示。

图 1-1　冰山模型

冰山模型是反映胜任特征的著名模型。胜任特征指的是那些能够区分高绩效者和一般绩效者的个人特质。这一模型将胜任特征比作一座冰山，由可见的"水上部分"和隐蔽的"水下部分"组成。水上部分包括技能和知识表层特征，这些都是可以直接观察到并且容易评估的外在特征。水下部分则包含了价值观、自我形象、特质/倾向、内驱力与动机深层特征，这些都是不易观察和衡量的内在特征，但对个人的行为和表现有着决定性的影响。

就销售这一职业而言，决定销售人员是否适合企业的特质是"冰山"的水下部分。企业需要做的是发现本企业销售人员的深层胜任特征，即明确合适的销售人员需要具备的特质。一旦明确了合适的销售人员的特质，招聘时就能更有针对性和目的性。

虽然深层次的胜任特质看似不易量化，但实际上我们可以通过一些方法进行衡量。下面将阐述如何运用数据驱动的方式，协助企业识别这些深层次的胜任特质，以便更精准地选拔合适的人才。

1.2　用数据确定合适的销售人员的特质

随着数字化技术的不断进步，企业销售部门已经积累了大量的多样化数据。在这些数据中，销售会话数据占据了重要位置，因为它详尽记录了销售人员与客户互动的每一项原始信息，如电话录音、在线会议视频、电子邮件及社交软件的聊天记录等。本书将介绍一些基于销售会话数据构建的科学方法，用于确定合适的销售人员特质。这些方法不仅科学严谨，而且具有可行性和可复制性。

这些方法建立在人工智能（AI）技术之上，旨在分析实际交流环境中的销售行为。通过运用数据指标，它们将销售过程中的数据与成果相关联，以此识别出优秀销售人员所具备的关键特质。

尽管不同企业的销售人员各有其独特的特质，但是识别合适销售人员的标准方法是通用的，这些方法通常包括对某些关键特质的识别。为了便于理解，我将通过具体案例来阐明这些特质。需要注意的是，我所提供的案例并不代表所有情况，也不是专门为某个特定企业量身定做的销售人员特质模型。

1.2.1　假设—检验法

假设—检验法是一种基于企业既有经验来形成假设的方法，它定义了理想的销售人员应具备的特质。我们通过分析销售会话数据，评估企业内部表现优异的销售人员的特征，并将这些特征与先前形成的假设进行比较，以检验这些假设的正确性。为了详细说明这一过程，我们选取了学习能力、好奇心、过往的成功经验、智力、敬业精神和耐心 / 韧劲这六个特质作为示例，探讨它们是否适合作为选拔企业销售人员的标准，具体内容如下。

【企业名称】

M 企业。

【假设】

M 企业根据历史销售数据，认为优秀的销售人员应当具备学习能力强、好奇心强、过往的成功经验、较高的智力水平、强烈的敬业精神和极大的耐心 / 韧劲这些特质。

【检验】

在进行检验之前，企业需制定一个与特质相对应的基本指标表格（见表 1-1 ）。特质与基本指标间的对应关系没有统一的定论，而是依据企业的具体情况来确定。该对应表不仅有助于识别合适销售人员所需的特质，也在销售评估过程中发挥着重要作用。

表 1-1　特质—指标对应表示例

特质	基本指标
敬业精神	通话时长、通话次数……
好奇心	提问频率……
智力	处理客户异议的能力……
过往的成功经验	回头客……
学习能力	销售工具使用频次、培训用时、解决问题用时……
耐心／韧劲	说话占比、打断客户的次数、同一客户的沟通次数……

接下来，我们将展开正式评估。通过对销售人员交易对话数据的深入分析，我们详细记录了每位销售人员在各项指标上的表现，如图 1-2 所示。

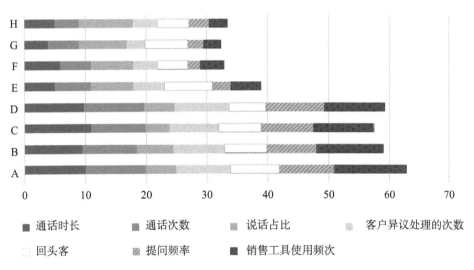

图 1-2　销售人员各项指标的表现情况

通话时长：销售人员在本次分析时期内的总通话时长。

通话次数：销售人员在本次分析时期内的总通话次数。

说话占比：销售人员说话时长占总通话时长的比例。

处理客户异议的能力：在与客户沟通的过程中，销售人员成功处理客户异议的能力。

回头客：再次购买/使用产品的客户数量。

提问频率：销售人员在与客户沟通的过程中，向客户提出问题的次数。

销售工具使用频次：销售人员在一定时期内使用销售工具的次数。

在对比分析中，我们设定 A、B、C、D 为 M 企业表现优异的销售人员，而 E、F、G、H 则代表业绩一般的销售人员。从分析结果来看，表现优异的销售人员在多项指标上均优于一般销售人员，包括通话时长、通话次数、处理客户异议的能力及提问频率。特别是在说话占比方面，一般销售人员往往在与客户的互动中占据了过多的讲话时间。关于回头客的数量，两组销售人员之间的差异并不明显。在提问技巧方面，表现优异的销售人员更善于提问，引导客户明确自己的痛点和需求。此外，在销售工具的应用上，表现优异的销售人员不仅更频繁地学习和应用这些工具，而且能够基于此分析自己的销售表现，从而进一步提升业绩。

获取基本指标数据之后，我们需要对这些数据进行重组和模拟分析，以便将这些指标数据转换为反映个人特质的分析结果。这一过程需要借助特质与指标的对应关系表（见表 1-1）来完成。例如，分析通话时长和次数可以帮助我们评估销售人员的敬业精神；分析通话中的说话占比，则可以揭示他们的耐心程度；评估处理客户异议的能力，能够反映销售人员的问题解决能力；回头客的数量则体现了销售人员过往的成功经验；而提问的频率则透露了销售人员的好奇心强弱。

在将基本指标转换为特质之后，我们便能够建立起销售人员特质与其销售业绩间的联系。通过进一步的相关性分析，我们能够识别出表现优异的销售人员所具备的各种特质与销售业绩之间的关联。如图 1-3 所示，这些分析结果揭示了显著的相关性。

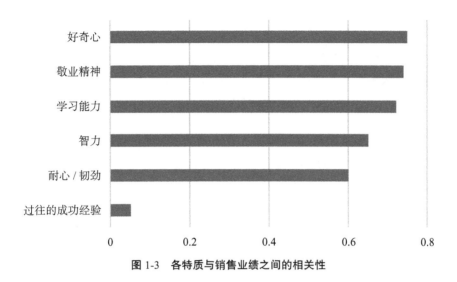

图 1-3　各特质与销售业绩之间的相关性

根据检验结果，我们发现针对企业理想销售人员特质的假设，并非全部成立。经过检验分析，学习能力、好奇心、智力和敬业精神这四项特质的假设被证实成立；而过往的成功经验这一特质的假设未被证实成立。此外，通过对会话数据的分析，我们在原有假设之外还发现合适的销售人员应该具备的特质——耐心／韧劲。

综上所述，优秀的销售人员应当具备的特质包括学习能力、好奇心、智力、敬业精神及耐心／韧劲。

1.2.2　发现—验证法

发现—验证法是一种通过分析会话数据来识别适合企业销售人员特质的方法。为了减少样本量和随机性带来的误差，要不断扩大样本数据集并进行重复验证，以精确确定最适合企业的销售人员特质。

下面仍以 1.2.1 中的案例进行说明。

【企业名称】

M 企业。

【首次发现优秀销售人员的特质】

通过对众多销售对话数据进行深入分析，M 企业能够准确评估每位销售人员在关键性能指标上的表现（见图 1-3）。

在获取基本指标数据后，M 企业通过重组和模拟分析将这些指标转化为特质。在此阶段，M 企业初步发现适合销售岗位的销售人员需具备以下五个特质：敬业精神、学习能力、耐心 / 韧劲、智力和好奇心。

【验证】

在科学实验中，由于单次实验结果可能受偶然因素的影响，同时受样本数量限制，这些结果往往难以具有广泛的代表性。为了确保结论的可靠性，必须进行持续且细致的数据分析。

验证方法和初次分析销售人员特质的方法相同，通过增加数据量再次进行分析，以验证是否可以得出相同的结果。若得到相同的结果，可以得出最终结论。若验证结果不完全一致，可综合前期的结果，继续进行验证，直至得出可接受偏差范围内的结论。

在此，我们基于当前的数据分析，初步得出结论：适合销售工作的人员应当具备强烈的敬业精神、极大的耐心 / 韧劲、学习能力强、较高的智力水平及好奇心强等特质。然而，这一结论并非固定不变。鉴于市场环境的持续变化以及企业产品和服务的不断迭代与转型，即使是曾经表现出色的销售人员也未必能够持续保持其成功状态。由于内外部因素的变化，企业对优秀销售人员所需特质的要求也可能发生相应的变化。

由于不同的企业分布于不同的行业中，它们所提供的产品及服务各异，采用的销售策略也不尽相同，因此合适的销售人员应具备的特质会因企业而异。企业应依据自身实际情况，通过假设—检验法或发现—验证法来确定合适的销售人员特质。

1.3　优化销售招聘流程：实施最佳实践策略

在上一节，我们探讨了如何确定合适的销售人员特质。一旦销售团队明确了所需的销售人员特质，接下来就是将这些特质作为招聘标准，挑选出具备这些特质的人员。

明确的销售招聘流程有助于推动招聘工作顺利进行。图 1-4 是一个精简的

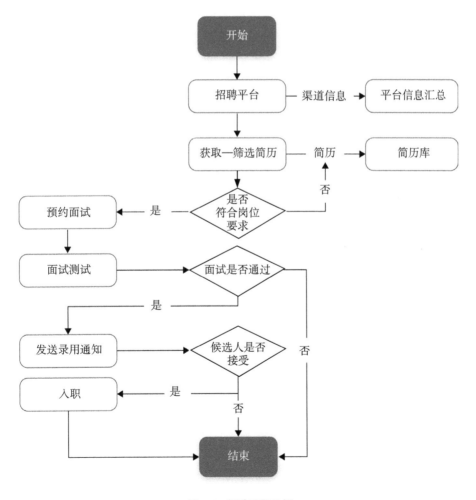

图 1-4　招聘流程示例

招聘流程示例，仅供参考。不同企业招聘的流程差别不大，通常包括接收简历、筛选简历、面试、发送录用通知和新员工入职等环节。无论企业如何设置招聘流程，其核心目标都是选拔合适的人选。在招聘过程中，企业必须重视的一个环节是对销售人员的评估，这包括初步评估和面试评估。接下来将介绍两个与销售人员评估相关的最佳实践。

1.3.1　有效联动

初步评估通常从简历筛选开始。在进行筛选之前，企业需要先获得简历，这一过程被称为人才触达，旨在与潜在的候选人建立联系。人才触达可分为主动型人才触达和被动型人才触达两种方式。主动型人才触达涉及招聘人员或管理者积极搜集候选人信息，如在领英（LinkedIn）、脉脉（Maimai）等社交招聘软件上搜索候选人，或通过现有网络资源有针对性地寻找合适的人才。此外，聘请猎头服务也是主动性人才触达的一种常见做法。

主动型人才触达属于一种有效的招聘策略，它使企业能够接触到高质量的潜在候选人，尤其是那些尚未积极寻求工作机会的人才。尽管这种方法往往需要企业投入更多的时间和精力，但它特别适用于招募中高层管理人员。被动型人才触达是目前较为普遍的招聘方式，企业通过在各大招聘平台发布职位信息，并等待候选人主动投递简历，以此吸引和筛选人才。

目前，许多企业在招聘过程中，用人部门与招聘部门的联动往往过于机械，缺乏真正的协同。当用人部门出现岗位空缺时，他们会向招聘部门发送职位描述。招聘部门接到后，通常会直接将其发布到各个招聘平台，并开始收集和筛选简历。然后，招聘部门会请用人部门审核简历，并邀请合适的候选人参加面试，最终由用人部门负责面试。这一系列的流程看似完整，实际上却过于刻板，未能有效激发两个部门之间的联动。

要想实现用人部门与招聘部门的有效联动，这两个部门需要做到以下两点。

1. 共享合适的销售人员的特质

招聘部门在评估应聘者资质方面扮演着关键角色，其主要职责是判断候选人是否符合岗位要求，并据此组织面试。若招聘部门对于用人部门的职位要求理解有偏差，就可能在选拔人才过程中迈出错误的一步，从而导致后续招聘流程面临更多的挑战。因此，确保招聘部门准确无误地掌握岗位要求，对于保证整个招聘过程的顺利进行至关重要。

"磨刀不误砍柴工"，这句话强调了事前准备的重要性。因此，在发布招聘信息之前，用人部门与招聘部门需要充分沟通，以确保双方对岗位的工作性质、工作内容及所需人才的特质达成共识。特别是销售主管，必须明确告知招聘人员关于销售人员的具体要求，包括但不限于工作经验和专业技能。另外，销售主管应当详细阐述适合企业文化和业务需求的销售人员特质，并与招聘部门共享这些信息。这将帮助招聘部门更准确地筛选候选人，确保他们不仅具备必要的技能，而且与企业的价值观和文化相匹配。

在面试阶段，用人部门的职责在于进一步验证候选人是否真正具备这些特质。这涉及对候选人的能力、经验和个人品质进行评估，以确保他们能够胜任岗位，融入团队，并推动企业的长期发展。

2. 设计一套可靠的评估工具

要确保招聘到具备优秀销售人员所需特质的人才，仅仅向招聘部门传达这些特质的定义是不够的。销售部门还需指导招聘部门如何评估应聘者是否具有这些特质。毕竟，销售部门对于哪些工作表现和业绩指标能更好地体现这些特质有着深刻的理解。因此，为了精准选拔合适的销售人员，销售部门与招聘部门应共同开发一套综合性评估工具。这套工具的设计需确保能够全方位评价候选人，包括性格、技能、知识水平、价值观、工作态度及个人特质等。通过这样全面的评估，我们能更精确地理解候选人的综合能力，从而做出更明智的招聘决策。

评估工具在招聘初期能够有效评估候选人的基础素质及其是否适合特定岗位，同时预测其潜在的工作表现。此外，评估工具有助于减少个人偏见的影响，因为每位面试官可能都有不同的偏好。在招聘过程中，这种偏好可能导致不公平的选择，进而影响团队的凝聚力。

目前，企业使用的评估工具大多是通用的测试工具，有些偏重性格测试，有些虽然包括职业能力和岗位能力测试，但测试内容是基于以往的经验或大众普遍认为适合该岗位的人员需要具备的能力和特点而设置的，并不能有针对性地测试出某位候选人是否符合本企业销售工作的特质。

接下来，我们将继续使用上一节中的案例来阐述如何设计一套可靠的评估工具。

在上一节，M 企业确定了适合其企业的销售人员的特质是学习能力、好奇心、智力、敬业精神和耐心 / 韧劲。该企业销售部门与人力资源部门分享了这些特质，并开始联合设计评估工具。销售部门需要为每一项特质设计相应的测试问题。为了更好地设计这些问题，销售部门回顾了特质—指标对应表（见表1-1），并借助指标来设计问题。

在设计评估耐心 / 韧劲这一特质的问卷时，我们可以依据以下指标：说话占比、打断客户的频率及与客户的沟通次数。相关问题包括："我会耐心地解答客户提出的问题""我会定期回访客户""与客户沟通时，他们通常会提出多个问题""客户更愿意与我交流"等。在构建此问卷的过程中，我们应运用对话指标，并参考学术界的相关研究成果。同时，我们需设定一些问题来验证销售人员回答的真实性。

下面是 M 企业针对每一特质设计的评估测试内容。

1. 好奇心

（1）第一次联系客户前，我会尽可能多地收集与客户相关的信息。

（2）我对客户提出的新问题非常感兴趣。

（3）面对客户提出的异议和挑战，我感到兴奋。

（4）在与客户沟通时，我经常通过问题引导的方式深入挖掘他们的真实需求。

（5）在处理复杂和具有挑战性的任务时，我的状态是最好的。

（6）遇到不可预测的工作任务会让我感到兴奋。

（7）相比维护同一类客户，我更喜欢与不同类型的客户打交道。

（8）遇到未曾经历过的情况时，我会感到紧张，不知道该怎么办。

（9）在日常生活和工作中，稳定性和可预测的环境让我感到安心。

（10）相比具有挑战性的环境，我更喜欢平和的环境。

2. 学习能力

（1）入职新公司后，我两周内便能掌握新的产品知识和销售技巧。

（2）我愿意与同事分享自己的工作经验和遇到的问题。

（3）我会定期查看公司的培训资料库。

（4）我总能发现自己在跟进客户时存在的问题。

（5）我了解不同行业的发展趋势。

（6）针对跟进客户时的问题，我能及时改正并举一反三避免再犯类似错误。

（7）相比其他组员，我更频繁和更长时间地使用公司的销售工具。

（8）我通常是事物的尝鲜者，而非跟随者。

（9）我经常向销售冠军咨询问题。

（10）遇到问题时，我会直接向他人询问解决办法。

3. 敬业精神

（1）为了增加成交量，我会拨打更多的电话。

（2）我享受解决工作中遇到的问题的过程。

（3）我会利用下班时间学习，提高工作技能。

（4）我从未迟到或早退。

（5）我享受与客户沟通的过程。

（6）若有人问我在哪里工作，我会主动向他们介绍公司。

（7）若公司在招聘，我会主动推荐人选。

（8）上级要求我在周末完成的工作任务，我会接受并认真完成。

（9）我认为工作中的很多事情都是无意义的。

（10）我不会告诉别人我在哪个公司工作，只会提及行业、部门或职位。

4. 耐心／韧性

（1）我会耐心解答客户提出的问题。

（2）我会定期回访客户。

（3）客户与我沟通时，会问我很多问题。

（4）在每次与客户联络的过程中，我通常能够与他们进行较长时间的有效沟通。

（5）我曾经历过跟进半年以上或进行5～10次以上联系才成单的情况。

（6）我是一个长期主义者。

（7）在与客户沟通时，为了进行必要的澄清或解释，我会打断客户。

（8）我更愿意跟进短期能成单的客户。

（9）我会选择成单周期较长的销售工作。

（10）如果联系了某个客户两三次，他仍没购买意向，我会转向其他客户。

5. 智力

（1）面对客户提出的疑问，我能很巧妙地问答。

（2）下面是一些逻辑判断、数字、图表等选择题。

不喜欢阅读故事的人往往不会热衷于小说。钟情于吟咏的人倾向于阅读诗歌。对于那些不喜欢对白的人来说，戏剧并非他们的最爱。追求安逸的人更喜欢阅读散文。小张酷爱文学，他爱读小说和诗歌，但不爱看戏剧。根据以上陈述，试判断以下哪项正确。

A. 小张喜欢故事　　　　B. 小张喜欢吟咏

C. 小张不喜欢对白　　　D. 小张追求安逸

E. 小张不追求安逸

除了针对每一特质设计的评估测试内容，评估工具还应当涵盖基本技能、价值观和工作态度等关键要素。

完成问卷设计后，销售部门和招聘部门需要对评估工具的有效性进行统计验证，确保其适用于企业的销售招聘流程，并具有可靠性和一致性。这样可以保障评估工具能够有效地实现既定的评估目标，并对应聘者做出准确判断。在获得评估结果后，面试官可以据此制定相应的面试策略，以进一步确认评估工具的有效性。

1.3.2　量化招聘标准

确定初步符合要求的候选人后，就要组织面试了。面试作为人才招聘流程中的关键环节，不仅要决定是否录用候选人，而且对于识别哪些人才最适合企业也至关重要。在这一环节中，制定明确的评价标准并严格执行显得尤为重要。

量化招聘标准的好处在于，能够对候选人的每一项特质进行评分，并依据综合得分来决定是否录用。这样可以避免两种不良后果：一是因直觉判断错误而招聘了虽然符合通常意义上的优秀标准但不适合企业的销售人员；二是为了填补空缺而妥协，录用不合格的销售人员。

如何量化招聘标准？我们需要准备一张面试计分卡。

面试计分卡是面试官用来记录候选人的表现并对其进行评分的工具。它详细列出了所有需要评估的项目。招聘销售人员时，准备的面试计分卡应包括行业贴合度、经验贴合度、销售能力、销售特质等关键评估指标。

1. 行业贴合度

行业贴合度是指候选人之前所从事的行业以及其希望进入的行业与企业所在行业的相关性和匹配程度。这一指标反映了候选人的行业经验与企业需求之间的契合程度，是评估候选人适应性的重要参考。

2. 经验贴合度

经验贴合度是指候选人之前从事岗位的工作性质和工作内容与应聘岗位的要求之间的相符程度。例如，候选人之前的工作经验是集中在电话销售、网络销售、面对面销售还是负责大客户销售，以及他们是否具有团队管理的经验。这些因素共同决定了候选人的经验是否与目标岗位紧密匹配，从而影响他们的工作适应性和潜在的绩效表现。

3. 销售能力

销售能力是指销售人员应掌握的基本技能，这些技能不同于适合企业的销售人员所具备的特质。它包括沟通能力、倾听技巧、时间管理及拓展客户的能力。这些技能对于销售人员来说至关重要，有助于他们更有效地完成销售任务，同时也能帮助企业提升整体的销售业绩。

4. 销售特质

销售特质是指那些适合于企业的优秀销售人员所应具备的特性。

在构建评分模型时，设计者需考虑各项评估维度及其子项，并依据实际需求为它们分配适当的权重。例如，在分配销售特质权重的过程中，要参考销售特质与销售成效之间的关联度——关联度越高，赋予的权重就应越大。在对候选人进行最终评价时，要根据具体情况调整不同评估维度的权重。如果企业认为销售特质能够更好地预示候选人入职后的工作表现，那么在评分体系中应提升销售特质的权重。

在面试计分卡上，除了上述四个评估维度，还应纳入面试官的综合评价。这一评价反映了面试官对候选人总体表现的看法，并指出了候选人的优势与劣势。针对某些职位，可能需要安排多轮面试；在这种情况下，前一轮面试官的反馈将帮助后续面试官聚焦于关键考察点。

或许有人会感到疑惑，如果量化招聘标准的本意是尽可能地排除直觉的影响，那么面试官的主观评价似乎显得多余。然而，我们必须认识到人类的理性是有限的；面试官在评估过程中，虽然努力维持客观，却不可避免地要借助个人经验和知识储备来做出判断。他们对于候选人的销售技能和素质进行评价时，是基于这些经验所形成的认知框架，并力求做出最合理的决策。

面试计分卡让原本较为感性和非结构化的面试过程变得更加理性。它要求面试官对候选人进行基于理性的评价。而这一理性评价过程却植根于感性认知。换言之，理性的判断往往依赖于情感的理解，而通过这一理性评价过程，我们能够使感性评价显得更加具有条理性。

表 1-2 是 ×× 企业面试计分卡的示例，仅供参考。面试计分卡并非固定不变，通常会因企业而异，并随着企业发展的不同阶段、招聘流程的进展及积累的招聘经验进行调整。尽管如此，在设计面试计分卡时，所采用的量化评估标准的方法则是通用的。

表 1-2　××企业面试记分卡示例

候选人信息				候选人表现			
姓名				评估维度	合计得分	权重	加权得分
面试岗位				行业贴合度			
面试日期				经验贴合度			
面试官				销售能力			
				销售特质			
面试官评价				综合得分			
综合评价							
优势							
劣势							
行业贴合度	得分	权重	加权得分	经验贴合度	得分	权重	加权得分
互联网				电话营销			
SaaS				网络营销			
教育培训				面对面营销			
汽车服务业				大客户销售			
其他				销售运营／支持			
合计				合计			
销售能力	得分	权重	加权得分	销售特质	得分	权重	加权得分
沟通和人际关系能力				学习能力			
口才和说服力				好奇心			
客户资源				智力			
拓客能力				敬业精神			
时间管理				耐心／韧劲			
合计				合计			

　　行业贴合度和经验贴合度通常比较容易评分，并且可以根据候选人的简历

来判断其与职位的匹配程度。相对而言，评估销售能力和销售特质需要更深入的分析。面试官可以运用 STAR 法则这一行为面试技巧来考察候选人的能力和特质。STAR 法则包括四个方面：情境（Situation）、任务（Task）、行动（Action）和结果（Results）。

STAR 法则使企业面试官能通过候选人的过往经验，评估其在特定工作情境下的表现。面试官运用 STAR 法则提问时，候选人应当结合过去的经历说明如何塑造了其解决问题的能力。通过详细描述具体情境中的任务、采取的行动及取得的结果，候选人便可构建一幅情景画面。这个画面可以帮助面试官判断候选人面对挑战时的应变能力和处理方式，以及他们所展现的技能和个人特质。

在采用 STAR 法则进行面试时，面试官应先明确自己希望了解候选人的哪些能力和特质，并提前准备相应的问题。例如，为了评估候选人的学习能力，面试官可以提这样的问题："请描述一次你在工作中迅速掌握新技能的情况"，并接着问道"当时你是如何学习这项新技能的"，这种提问方式有助于深入了解候选人的学习能力及其适应新环境的能力。

在面试过程中，候选人可能不会依照 STAR 法则来回答问题。若候选人的回答不够充分，面试官应进一步提出问题，促使其提供详尽的答案。例如，候选人解释了面临的情境和任务后，面试官可追问："你采取了哪些方法来迅速掌握这项技能？结果如何？"一些候选人可能会夸大自己的答案，面试官需通过深入的问答来评估答案的真实性。面试官综合候选人的回答和表现，对其能力和特质做出评估。

STAR 法则是一种评估工具，它旨在帮助面试官根据候选人过往的经历来判断他们是否具备所需的能力和特质。对于那些在过往经历中未明显展现特定特质的候选人，若他们展现了与岗位相关的其他特质，面试官可以采用角色扮演或模拟场景等方法，以评估他们在这些特质方面的潜力。

在本章，我们探讨了如何运用 DMSO 模型帮助企业解决招聘过程中的第一个问题——挑选合适的销售人才。通过 DMSO 模型，我们明确了核心目标：界定适合本企业销售人员应具备的关键特质，并将这些特质作为招聘的主要标准。

为了识别这些特质，我们分析了销售数据。通过对销售对话数据进行量化处理，我们得到了各种会话数据指标，并将表现优异的销售人员与一般销售人员的数据指标进行了比较，明确了优秀销售人员在各项指标上达到的标准，并据此确定了他们的关键特质。然而，随着企业发展阶段的变化、销售策略的调整及产品与服务的升级，这些特质并非固定不变。因此，我们必须持续利用销售数据来优化并重新定义优秀销售人员的特质。

第 2 章　新式销售培训方法

　　招募到合适的销售人才仅是销售团队迈向持续成功的第一步。要实现长远的目标，还必须致力于进行有效的人才培养。

　　销售培训是企业培养销售人才的核心环节，它不仅有助于销售人员的个人成长，而且能够显著提升销售业绩。对于企业而言，有效的销售培训是一项长期的战略投资。通过实际调研，我发现有些企业的销售培训只是走个形式，并不在意结果，而有些企业虽然重视销售培训，但出于各种原因总是达不到预期的效果。因此，企业需要深入分析培训过程中的问题，并采取措施以确保销售培训的有效性。

　　本章将介绍一种基于 DMSO 模型的全新销售培训方法。这种方法通过引入销售结果和销售能力指标建立销售画像，设定结果分和能力分双高的优秀销售标准，通过持续培训提升销售团队素质。

2.1　销售培训效果不佳的原因

　　企业销售培训效果不佳的原因主要有两个。一是企业对销售培训的重要性认识不足；二是缺乏对现有培训方法的有效评估，即便意识到存在问题，也没有采取有效的措施。

2.1.1　两大错误认知

许多企业未充分意识到销售人员培训的重要性，并且没有建立一个有效的销售培训体系。这种现象通常归咎于以下两个主要的原因。

1. 认为销售人员的成功经验无法复制

许多企业深知，每位成功的销售人员都拥有其独特的优势，如人际关系资源、语言表达能力、个性特点及运气等。这些特质往往是销售人员不愿与他人分享的宝贵资产，即便他们愿意分享，其他人也很难完全复制或效仿，那么为什么还要进行培训呢？

针对这一观点，我的回答是，成功的销售人员不是天生的，而是通过不断学习成长起来的。在数智化时代，一切销售活动均可被记录，借助数据分析等专业工具，我们能够深入分析这些行为。由此，销售人员的成功经验便可以被揭示并加以复制。企业管理者若能意识到这种变化，便能迅速掌握赢得销售竞争的主动权。

2. 认为对销售培训的投入不值得

销售培训需要投入人力和财力，如果管理不善，这些资源可能转变为企业的沉没成本。当培训无法产生预期效果时，许多企业可能不愿意再继续投资。

这个问题的核心不在于销售培训是否值得投资，而在于其实际效益。全球知名咨询公司埃森哲（Accenture）的一项研究显示，企业在培训方面每投入 1 美元，将获得 4.53 美元的收益，投资回报率高达 353%。造成企业销售培训投入与产出比低的真正原因是，缺乏正确、有效的销售培训方法。

2.1.2　四大培训问题

为了有效解决问题，我们必须先正视问题本身。目前，销售培训效果不尽如人意的主要原因在于企业采用的培训方法存在诸多缺陷。

1. 统一培训忽视销售人员个体差异

企业通常会为新员工提供统一的入职培训，并提供相同的学习素材。虽然这种方式有利于新员工迅速熟悉企业产品、适应企业文化及掌握业务流程，但它往往忽视了销售人员之间的个体差异。不同的销售人员具备不同的技能和经验。例如，一些销售人员可能缺少开发新客户的经验，一些可能不太擅长客户跟进，还有一些可能在客户沟通方面需要提高。统一的培训内容往往无法有针对性地解决这些个别问题，因此可能不足以充分发挥每位销售人员的潜力。

2. 业务技能培训内容缺乏坚实的数据支撑

业务技能培训在销售培训中非常重要。它涵盖了销售通用的销售技巧及针对企业产品和业务所需的专业销售技巧。许多企业管理者在选择培训内容时，往往过度依赖个人直觉与经验，导致销售培训变成了单纯的销售经验分享会。而且，对于这些基于经验的销售技巧的描述通常也只是抽象的文字说明，缺乏具体的数据支撑。例如，在"经常与客户保持联系以增进与客户的关系"这项销售技巧中，"经常"就是一个抽象的描述，没有明确的定义。多长时间联系一次可以称作经常？不同销售阶段是否要保持相同的联系频次？对这些问题，目前还没有明确的答案。

为了确保业务技能培训的有效性，我们需要有可靠的数据支持和经过科学验证的培训内容。

（1）销售人员和客户说话占比为 6∶4 时，销售成功率最高，可以达到 90% 以上。

（2）销售人员在客户提出问题后，应先用自己的语言简要概述一遍客户的问题后再作答。这种方法能够有效提升沟通效果，使客户满意度达到95%以上。

3."以老带新"限制新人独特能力的发挥

许多企业倾向于为新入职的销售人员指派一位经验丰富的导师进行一对一指导。不过，这种方式的效果并不理想。为了更深入地探讨这一问题，下面将通过一个具体案例进行分析。

××企业新加入一位销售人员——张红。在她入职的当天，销售总监便告诉她："我们企业会为每位新员工指派一位经验丰富的优秀销售经理来带教，你可以从这些优秀人员身上汲取知识和经验。"随后，销售总监带领张红前往销售经理李力的办公室，并介绍说："张红，这位是李力经理，他不仅经验丰富，而且业绩斐然。你将跟随李经理学习，希望你能迅速成长，成为一个像他一样优秀的销售人员。加油！"

张红回答道："好的，总监。我会全力以赴。"

接下来的一个月，她勤勉工作，一丝不苟。在此期间，李力连续签下几位客户，令张红颇为惊讶。她很快意识到，李力并没有深入挖掘客户需求，仅进行了几次会面，简单地介绍了PPT演示文稿。对于李力轻松赢得客户的方式，张红感到困惑，不禁向李力问道："您是如何做到这一点的？"李力告诉她，这是因为他和客户私下一直维持着很好的关系。张红心想："我应该学会建立并维护自己的人际网络，这样才能成为一名出色的销售人员。"

然而，在与同期入职的同事赵明交流时，张红发现赵明和他的指导师傅坚持的销售理念与自己的大相径庭。他们认为，销售的成功依赖于细致周到的客户调研及对客户需求的深入洞察。面对这两种迥异的销售方法，张红陷入了深思，哪种方法更能适应实际的销售场景。

实际上，销售方法并没有绝对的对错之分。每位优秀的销售人员除了具备基本的特质外，都会在销售流程的某些方面展现出自己独特的能力。这些能力因人而异：一些人擅长与客户建立融洽的个人关系，而另一些人则可能凭借勤奋、同理心和敏锐的观察力脱颖而出。如果仅让新员工模仿某位优秀销售人员的策略和行为，可能会限制他们独特能力的发挥和发展，因为他们往往会复制师傅的思维模式和工作方式。

4. 新人考察期长，投入产出比低

销售新人入职后，企业在对他们进行培训的同时，还要持续了解他们的能力和工作意愿，以确定哪些员工有进一步培养的潜力。在现行的培训模式下，企业缺乏一种快速、准确评估销售新人能力的方法，导致评估周期至少需要两至三个月的时间。在这期间，不少员工因不符合岗位要求或个人选择而离职，这导致招聘部门不得不频繁地招聘新员工来填补空缺。这样的评估期和频繁的招聘活动，无疑加大了企业的人力资源投入和时间成本。

除此之外，传统销售培训方式还存在一些其他问题，如课堂式培训通常会导致员工参与度不高，同时培训内容也很难根据不断变化的形势进行快速调整。

2.2　全新的销售培训方法——TEMT

在数智化时代，传统的销售培训模式面临许多新的挑战，因此我们迫切需要探索和实施新的销售培训方法。

下面介绍一种具体可执行的新式销售培训方法——TEMT 培训法。

TEMT 是"培训（Train）—考核（Examine）—监测（Monitor）—培训（Train）"这一循环流程的英文首字母缩写，如图 2-1 所示。该方法创新性地融入了会话数据，将数据分析和洞察应用于销售培训的各个环节，构建基于销售培训的销售能力增长飞轮。

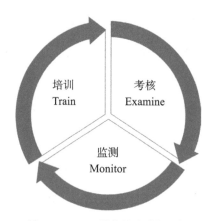

图 2-1　TEMT 销售能力增长飞轮

2.2.1　实施个性化培训

1. 了解团队——销售画像

《孙子兵法·谋攻篇》中提到，"知彼知己，百战不殆"。深入了解销售团队中的每位成员，清晰地刻画销售人员的画像，对于发挥销售培训的作用大有裨益。然而，在开展销售培训之前绘制销售人员画像的企业鲜有。这主要是因为缺乏好用、有效的方法和工具。不过，在数智化时代，众多技术手段可以帮助企业便捷、高效地生成销售人员画像。

TEMT 销售培训法的核心在于构建全面的销售人员画像。在绘制这些画像时，TEMT 突破了传统的以业绩为唯一评价标准的模式，引入了第二个评估维度——能力。通过能力评分，管理者能够直观且清晰地了解每位销售人员的具体表现，这不仅包括他们的销售成果，还涉及促成这些成果的能力因素。

能力评分的设计基于对销售对话数据的分析。对于积累了一定对话数据的资深销售人员，可以直接利用这些数据进行能力评估。但是，对于刚入职的销售新人来说，他们还没有与企业的潜在客户进行过沟通，没有可以用来进行能力分析的会话数据。企业可以在首次培训中采取传统的方式，等会话数据积累到一定程度之后再做分析，或者采用模拟沟通的方法积累新人的初始会话数据。在模拟过程中，企业需要根据真实客户的情况设定模拟客户的采购流程、需求和问题等，以确保所收集的会话数据能够真实反映销售人员与真实客户沟通时的表现。

接下来，我们将详细探讨如何绘制销售人员画像。

首先，我们需要明确一个概念——关键事件。关键事件指的是业务流程中比较重要的节点性内容，如标准操作程序（Standard Operation Procedure，SOP）中的核心沟通技巧和关键环节，或者是在销售过程中那些对业务成果影响最大的事件。

在绘制销售人员画像时，我们主要依据两个维度：结果分和能力分。图 2-2 展示了基于这两个维度绘制的销售人员画像。

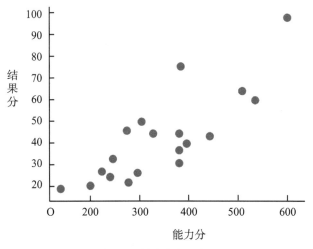

图 2-2　销售人员画像

图 2-2 的纵轴代表销售人员的结果分，该得分是根据与业绩相关的指标计算得出的。我们可以将结果分简单理解为销售人员的业绩表现。

图 2-2 的横轴代表销售人员的能力分，该得分是根据销售会话基础维度和关键事件表现得分进行加权计算得出的。我们可以将能力分理解为销售人员是

否严格履行了规定的 SOP 沟通技巧和流程，以及是否在销售过程中完成了有效的销售。

绘制精准的销售人员画像是针对性地进行个性化培训的前提，同时也为评估销售人员的绩效或能力提升奠定了坚实的基础。在对销售新人进行培训前，企业可以先对现有经验较丰富的销售人员进行画像，通过数据输入、分析和迭代，确定更加精确的纵轴和横轴的计分项目与权重，从而获得更加精准的销售人员画像。

衡量销售人员业绩的最直接方法是根据每位销售人员的个人成单金额进行计算。为此，我们需要考虑以下几个关键维度。

（1）销售收入。

（2）成单数量。

（3）平均成单所用时间。

（4）所需费用。

（5）平均成单价格。

这些维度仅供参考，不同的企业可以根据自身业务性质的不同选择适合自身的业绩衡量指标，并配以不同的权重进行计算。销售人员结果分的量化计算示例如表 2-1 所示。

表 2-1　销售人员结果分的量化计算示例

计分项目 与权重	分值				得分
	20	50	80	100	
销售收入 （0.4）	＜ 20 万元	20 万 ~ 50 万元	50 万 ~ 100 万元	＞ 100 万元	100 × 0.4=40
成单数量 （0.3）	＜ 10 单	10 ~ 20 单	20 ~ 50 单	＞ 50 单	80 × 0.3=24
平均成单所用 时间（0.3）	＞ 180 天	90 ~ 180 天	30 ~ 90 天	＜ 30 天	50 × 0.3=15
结果分	—	—	—		79

以表 2-1 为例进行说明。某企业选择了销售收入、成单数量和平均成单所用时间这 3 个计分项目，并根据它们对销售人员最终业绩成果的影响程度分别给它们赋予 0.4、0.3 和 0.3 的权重。单项得分和总分均按照百分制计算：销售收入越多，得分越高；成单数量越多，得分越高；平均成单所用时间越短，得分越高。由此可以得出一个销售收入超过 100 万元、成单数量在 20 ～ 50 单、平均成单所用时间在 90 ～ 180 天的销售人员的结果分为 79 分（$100 \times 0.4 + 80 \times 0.3 + 50 \times 0.3$）。

图 2-2 横轴代表的能力指标的计算要求高度精确且较为复杂，其中关键事件扮演着决定性的角色。我们要先依据业务流程及 SOP 来界定关键事件，并决定它们应细化至何种程度。例如，我们可以通过较为宽泛的标准来确定关键事件为：

（1）销售尝试，

（2）需求挖掘，

（3）客户异议，

（4）特殊会话，

（5）下一步。

如有需要，我们还可以将上述关键事件再进一步细化，如将需求挖掘细化为：

（1）客户业务流程介绍，

（2）亟待解决的业务痛点。

除了关键事件，为了使能力分的计算更加精确，我们还可以加入其他评估指标，如会话活动和会话维度。会话活动可以包括：

（1）平均通话时长，

（2）会话总数，

（3）会话总时长。

会话维度可以包括：

（1）销售人员说话时长占比，

（2）客户说话时长占比，

（3）客户最长叙述时间，

（4）谈论 × × 话题的时长，

（5）深入谈论次数，

（6）销售人员 / 客户提问频率。

上述评估指标和具体项目仅供参考。不同的企业应当根据自身实际情况，审慎选择并确定每一个计分项目。

销售人员能力分的量化计算示例如表 2-2 所示。

表 2-2　销售人员能力分的量化计算示例

计分项目与权重	分值				得分
	20	50	80	100	
关键事件 1（0.2）	＜ 5	5 ~ 20	20 ~ 50	＞ 50	100 × 0.2=20
关键事件 2（0.3）	＜ 5	5 ~ 20	20 ~ 50	＞ 50	80 × 0.3=24
关键事件 3（0.1）	＜ 5	5 ~ 20	20 ~ 50	＞ 50	50 × 0.1=5
会话维度 1（0.2）	＜ 10 分钟	10 ~ 30 分钟	30 ~ 60 分钟	＞ 60 分钟	50 × 0.2=10
会话维度 2（0.2）	＜ 2 次	2 ~ 5 次	5 ~ 10 次	＞ 10 次	50 × 0.2=10
能力分	—	—	—	—	69

表 2-2 中每一项目的具体指向为：关键事件 1——销售尝试；关键事件 2——下一步；关键事件 3——客户异议；会话维度 1——客户最长叙述时间；会话维度 2——深入讨论次数。

以表 2-2 为例进行说明。某企业选择了关键事件 1、关键事件 2、关键事件 3、会话维度 1 和会话维度 2 共 5 个计分项目，并根据这 5 项对评估销售人员能力的重要性分别赋予它们 0.2、0.3、0.1、0.2 和 0.2 的权重。单项和总分均按照百分制计算（具体的分制可以根据企业业务情况和计算简便程度选择千分制、750 分制等）。在此案例中，销售尝试、下一步、解决客户异议数量越多，得分越高；客户最长叙述时间越长，得分越高；与客户深入讨论的次数越多，得分越高。

假设一个销售人员的销售尝试超过 50 次、下一步提及 20 ~ 50 次、解决客户异议 5 ~ 20 次、客户最长叙述时间 10 ~ 30 分钟、深入讨论 2 ~ 5 次，那么该销售人员的能力分为 69 分（$100 \times 0.2 + 80 \times 0.3 + 50 \times 0.1 + 50 \times 0.2 + 50 \times 0.2$）。

2. 销售分层进行个性化培训

获得了所有需要培训的销售人员的画像，接下来根据这些销售人员的画像对其进行分组，并根据每组销售人员的不同特点采取有针对性的培训措施，以期每位销售人员都能成为能力和结果双优的优秀销售人员。销售人员分层示例如图 2-3 所示。

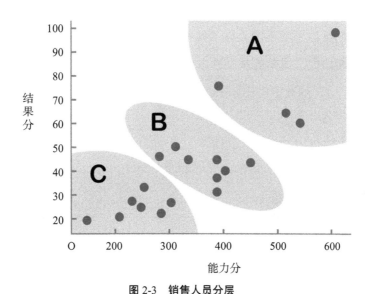

图 2-3　销售人员分层

A 组：优秀销售人员。随着能力分的提高，销售人员的业绩也有较大的提升。对于此组销售人员，我们分析了他们在沟通技巧方面的表现并将这些成功经验复制，用于对其他组销售人员进行有针对性的培训。

B组：待提升销售人员。他们的沟通技巧还有提升的空间，通过针对性的培训和定制化的辅导，可以推动他们向优秀销售人员发展。

C组：薄弱销售人员。他们的能力分和结果分均不理想。对于这部分人员的培训，企业可能需要投入较高的成本。合理的做法是，企业可以淘汰那些无法跟上企业发展节奏的销售人员，避免产生不必要的沉没成本。

在实施定制化培训时，企业应如何选择培训内容呢？

1. 对比各组销售人员数据之间的差异

在绘制销售人员画像时，我们可以获得很多关于关键事件和会话维度的数据。A、B、C三组销售人员在每个关键事件或会话维度方面的表现并不相同。我们可以进一步分析每个组在同一关键事件或会话维度方面的数据，比较每组在每个关键事件中的最大值、最小值、中位数和平均值等指标。通过这样的对比分析，我们可以了解不同关键事件在何种程度上对销售业绩结果产生何种影响，进而推断出促进成单的基础性事件与关键性事件。A、B、C组销售人员关于"关键事件1"的数据对比如图2-4所示。

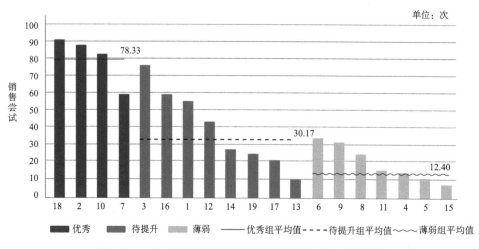

图2-4　A、B、C组销售人员关于"关键事件1"的数据对比

如图 2-4 所示，通过对每组销售人员会话数据的分析，我们可以发现各组销售人员对"关键事件 1"提及的数量存在差异。数据分析结果显示，优秀销售人员对"关键事件 1"提及数量的平均值是待提升销售人员的 2.6 倍，是薄弱销售人员的 6.3 倍。这表明，越是优秀的销售人员对该关键事件的提及次数越多。基于这一发现，我们可以加强对待提升销售人员和薄弱销售人员在该事件上的沟通技巧培训，提升他们提及该事件的次数，进而提高业绩。以此类推，我们可对所有关键事件进行分析。A、B、C 组销售人员关于"会话维度 1"的数据对比如图 2-5 所示。

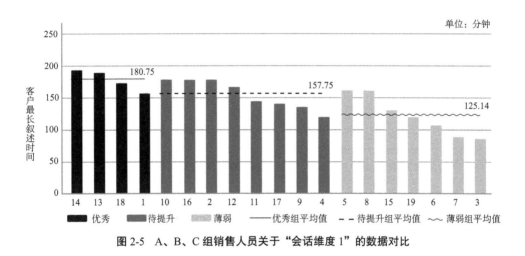

图 2-5　A、B、C 组销售人员关于"会话维度 1"的数据对比

在"会话维度"方面，各组之间的数据也有差异。根据图 2-5，优秀销售人员在"会话维度 1——客户最长叙述时间"方面的平均值是薄弱销售人员的 1.4 倍。基于这一结果，我们可以提出相应的解决方法：相对于优秀销售人员，薄弱销售人员需要更加努力地提升该会话维度的数值，这样才有可能促使会话目的达成。

2. 利用相关性分析结果确定培训侧重点

除了分析 A、B、C 三组销售人员在各关键事件和会话维度方面的表现差异外，我们可以进一步探究这些关键事件和会话维度与销售业绩之间的相关性，了解每一关键事件和会话维度是有助于提升销售业绩，还是对销售产生不利影响，从而根据与销售业绩的相关性强弱依次列出销售结果的高相关性事件、中相关性事件和负相关性事件，如图 2-6 所示。

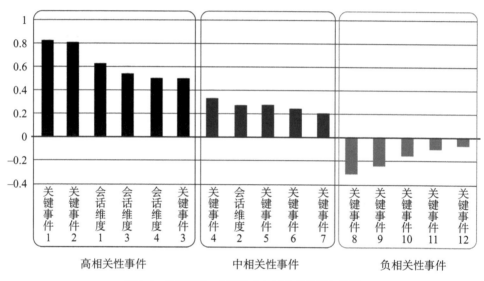

图 2-6　关键事件 / 会话维度与销售业绩的相关性

高相关性事件对于达成会话目的起到积极作用，因此应将其作为培训的重点内容。中相关性事件对于达成会话目的起着一定作用，可选择性地进行培训。负相关性事件对会话目的的达成有负面影响，需要加强对此类事件应对策略的培训，并提醒销售人员在会话中尽量避免提及会触发此类事件的敏感词。

通过对销售人员综合能力的分析，我们还可以发现某些具有特殊潜力的销售人员。例如，图 2-7 中的 18 号销售人员，与 A 组其他销售人员相比，他的能力分不高，但是结果分却相对较高。对于这类销售人员，企业应该给予重视，因为他们可能会成为销售流程的创新者和突破者。

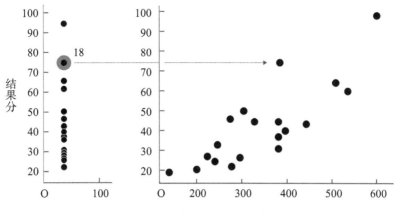

图 2-7　18 号销售人员的特殊表现

根据图 2-8 和图 2-9 对这位 18 号销售人员进行分析，我们发现他在会话维度 3 和会话维度 4 方面表现优异。尽管该销售人员没有按照沟通技巧进行交流，但是能与客户进行较长时间的交流，同时能够达成会话目的。由此可见，该销售人员可能是有独特的沟通方法，值得深入挖掘。企业可以总结这种优秀的沟通方法，用于培训其他成员。此外，这类没有按照 SOP 操作但结果较好的销售人员可能是 SOP 的创新者。从他们身上，企业可以找到会话表现的出色之处，检验非 SOP 沟通技巧的有效性，对现有的 SOP 进行优化。

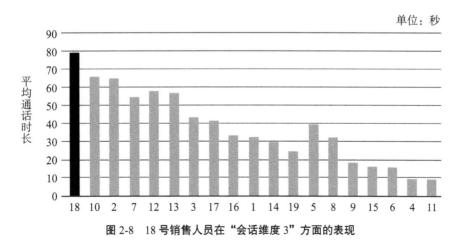

图 2-8　18 号销售人员在"会话维度 3"方面的表现

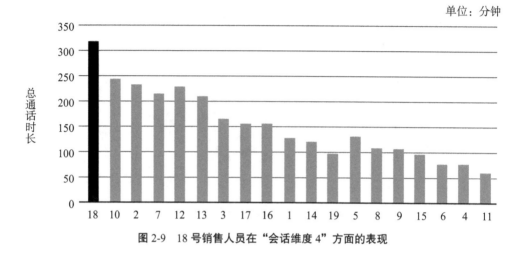

单位：分钟

图 2-9 18 号销售人员在"会话维度 4"方面的表现

2.2.2 考核培训结果

销售人员完成一次培训并不意味着销售培训的结束。销售培训的最终目的是让销售人员掌握技能并将其应用于实际的销售过程中。

然而，大多数人往往有懒惰和逃避困难的倾向，销售人员也不例外。他们在完成销售培训后，可能不会持续地学习、练习和实践培训内容。那么，企业如何保证销售培训的效果呢？考核是一种常用的方法，也是一种有效的手段。考核的压力会在一定程度上转化为销售人员接受培训后继续学习和实践的动力。最佳方法是通过情景演练的方式进行考核，模拟真实的客户沟通场景，并录制视频或音频，以记录销售人员的表现。接下来，可以利用数字化工具对这些视频或音频数据进行自动化分析，以判断他们是否掌握了沟通技巧以及关键事件和会话维度方面的注意事项等。

2.2.3　监测销售能力的变化

考核是一种将压力转化为动力的手段，虽然能够发挥作用，但无法让企业完全了解销售人员接受培训后的能力变化情况。因此，企业还需要监测每一位销售人员的发展变化，了解他们的能力和业绩变化情况。这不仅有助于销售新人快速成长，而且也能让销售主管及时了解团队成员的成长情况，及时为他们提供帮助。通过持续的监测，企业可以更好地把握销售团队的成长周期，引导销售人员实现持续的成长和提升。某企业的销售人员接受培训前后能力的变化如图 2-10 所示。

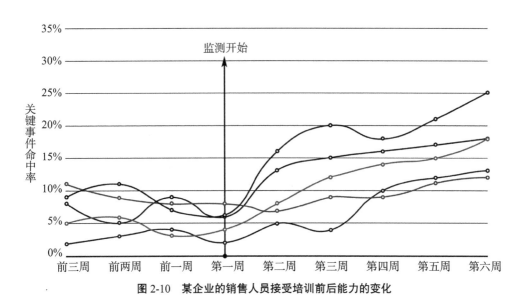

图 2-10　某企业的销售人员接受培训前后能力的变化

2.2.4　构建"培训—考核—监测—培训"闭环

经过考核和监测后，可能仍然会有一些销售人员的表现不理想。企业可以再次对这些销售人员进行培训，开展新一轮培训、考核和监测。需要注意的是，如果某位销售人员在经过两轮或三轮培训、考核和监测循环后，其表现仍然无法达到规定的水平，那么我们基本上可以判定他不适合企业的销售岗位。

"培训—考核—监测—培训"的培训机制不仅可以持续提升销售人员的销售能力和业绩，还能够帮助企业缩短销售考察周期。在我调研的企业中，有一家企业使用了 TEMT 培训方法，成功将销售新人的考察期从原先的两三个月缩短至两周。

TEMT 培训方法同样是 DMSO 模型的成果。在 TEMT 框架下，我们利用销售数据引入了结果分和能力分两个全新的指标。基于能力分和结果分，我们构建了与以往销售评价体系截然不同的销售画像，使之更加科学和合理。这种完善的销售画像使企业能够根据个体差异进行有针对性的培训，以有效提升每位销售人员的能力，并推动他们向着结果分和能力分双高的优秀销售人员方向发展。

企业需要重视销售人员能力的持续发展。在销售人员完成培训后，企业应通过考核来检验他们对培训内容的掌握情况，并监测他们能力的提升情况。对于那些未达到预期效果的销售人员，企业应对其进行再次培训，构建销售人员能力成长的闭环，持续优化销售团队整体能力。

第二篇

成功吸引并维护客户

　　有效的线索管理对于企业来说并非易事。如果无法对线索进行有效管理，势必会造成资源浪费。本书的第3～5章将介绍如何使用DMSO模型解决线索管理难题。首先，通过客户标签这一指标绘制客户画像，并在每个标签维度上制定量化标准，以确定理想客户画像。其次，根据销售成交情况持续优化理想客户画像，并改进吸引潜在客户的方式和途径。

　　找到潜在客户以后，企业必须确保对这些已获得的潜在客户进行恰当的跟进，以便将他们转化为真正的客户。因此，建立有效的销售跟进流程对于企业来说至关重要。中外的各种销售理论已经对销售跟进进行了多方面的研究和探索，依据这些理论进行实践，企业就能一劳永逸吗？答案显然是否定的。本书的第 6 ~ 7 章将揭示销售理论应用于实践的问题，探讨在获得潜在客户之后，如何用数据思维来驱动销售人员进行有效跟进，以实现销售增长目标。

凡是成功的企业都非常了解自己的服务对象——客户。明确客户是谁，是开启所有与销售有关的行动的"锚"。确定了锚定点，企业才能知道要吸引哪些潜在客户，如何吸引他们并满足其需求。

如果一家财务分析软件提供商选择在大学校园里进行宣传，那么它显然是没有准确识别到其潜在客户群体。因为大学生尚未进入社会，支付能力有限，所以对财务分析软件几乎没有需求。这样，该软件提供商非但不能获得有价值的客户，还会浪费了一大笔营销费用。

一旦明确了"客户是谁"这个锚定点，企业就能根据客户的特征制定更精准的营销策略和销售策略，并有针对性地投放广告，这样既能降低成本，又能提升营销成效。

3.1　PCD 客户画像分析模型

客户画像犹如企业寻找客户的明灯，它不仅为企业拓展市场指明了清晰的方向，而且随着技术的发展和数据的积累，已经成为企业运营和做出销售决策的关键因素。

3.1.1　客户画像和客户标签

客户画像并非字面上的肖像画，而是对目标客户群体特征的描述。

企业如何为自己的目标客户绘制肖像画呢？当了解和描述一个客户时，我们通常会收集包括地理位置、教育背景、工作经验、消费习惯等方面的信息。通过对这些信息进行归类和标签化处理，如按地域、学历、兴趣爱好等进行归类，就能形成一个结构化的客户画像。这种基于标签的信息整合方法，使企业能够清晰地识别和理解目标客户群体的特点。

客户标签是客户画像的表现形式，它就像给客户"画像"时勾勒的线条，一个个线条最终将组成完整的客户形象。

建立客户画像的关键是梳理出目标客户的标签。不同企业面对的客户群体有所不同，如有的直接面向 C 端市场（消费者），而有的则面向 B 端市场（企业）。面对的客户群体不同，客户画像和客户标签也不同。B2B 企业的客户画像主要针对可能购买企业产品和服务的企业，客户标签包括企业规模、所属行业、营业收入、业务痛点、采购流程及企业决策者信息。B2C 企业的客户画像侧重于个体消费者，客户标签通常包括年龄、性别、职业、教育经历、婚姻状况等。

当前，企业数字化转型步入"深水区"，许多企业开始有意识地收集并留存与客户相关的数据。这些数据被贴上各种标签，有些标签是事先设定的，有些则是后来增加和优化的。利用这些数据，企业能够更深入地了解客户，从而优化客户画像。

熟知客户画像对于开展销售活动具有重要价值。下里介绍一种分析客户画像的方法——PCD 客户画像分析模型。

3.1.2 PCD 是什么

PCD 客户画像分析模型从企业销售的产品（Product）、客户（Customer/Client）和关键决策人（Decision-maker）三个方面综合分析客户画像，以使企业对目标客户的认知更加全面和准确。图 3-1 展示了 PCD 客户画像分析模型。

PCD 客户画像分析					
产品 Product		客户 Customer/Client		关键决策人 Decision-maker	
产品定位		行业类别	企业规模	决策链角色	性别
产品功能		发展阶段	痛点问题	岗位	年龄
产品价值		地理位置	长短期目标	职能	籍贯
部署要求		采购流程	决策流程	希望解决的问题	毕业院校
使用前提		数字化程度	客单价	希望获得的价值	兴趣爱好
……		客户行动类型	……	……	……

图 3-1　PCD 客户画像分析模型

1. 产品

在企业创立初期，产品是分析客户画像的基石。每款产品都有其定位，如能够解决客户的哪些问题、具备什么样的功能、能够为客户带来什么价值等，这通常是产品开发的初衷。产品定位、功能和价值展示了企业目标客户画像的部分内容，即客户的痛点问题、长短期目标和其追求的价值。

但这三个方面仅画出了客户画像的一只"眼睛"，还需要更多信息和标签来完整呈现客户的形象，如产品使用前提和部署要求。如今，数字基础设施日益完善，很多产品建立在数字基础设施之上，甚至有些产品要求客户具有特定的数字化工具才能使用。这时，客户的数字化水平就成为客户画像中的一个重要标签。例如，销售会话智能平台这一新型销售科技工具，必须以客户收集的会话数据为前提，而收集会话数据通常需要客户拥有外呼系统、录音工牌等设施，如果不满足这一条件，即使客户的需求、目标和价值观与产品的定位高度吻合，该客户仍不能被视为目标客户。

另一个可能会被忽略的方面是客户对产品部署方式的要求。软件即服务（Software as a Service，SaaS）是一种通过网络访问应用程序的服务模式，软件及相关数据集中存储在云端，由服务提供商负责管理和维护软件系统的基础架构、安全和性能。用户无须下载、安装软件，只需通过网络即可使用应用程序。SaaS 模式已成为许多企业和个人首选的软件使用方式，因为它不仅减少了开发和维护成本，还具有高度的灵活性和可扩展性。

与此同时，一些企业对云服务的安全性表示担忧。虽然云服务出现故障的概率较低，但是一旦发生故障，将对客户造成重大影响。全球几大云服务商都曾出现过宕机事故，每次事故都导致服务中断，给客户造成了困扰。因此，客户出于数据安全的考虑，会要求私有化部署，即本地化部署。为了满足客户的要求，有些企业在提供 SaaS 服务的同时也提供私有化部署方案。在这种情况下，企业建立客户画像时，就要考虑客户的部署要求，一些企业在初期可能不具备本地化部署能力。

2. 客户

客户是建立客户画像的关键因素，企业需要尽可能多地挖掘客户信息。信息挖掘越充分，客户画像就越完整、越精准，获客和销售也能更高效。

（1）行业分类，即客户的主营业务及其所处的行业。准确的行业分类可以帮助企业从该行业客户具有的共通特点、市场环境和发展趋势等方面更好地理解客户发展现状与需求。

（2）客户规模，涵盖了多个方面的内容，如员工数量、年营业收入、分 / 子公司分布地区和数量、注册资本、融资阶段等。这些信息有助于企业了解客户的实力和预算情况，以初步判断客户是否有买单能力。

（3）地理位置，即客户所在地。对于刚起步的企业来说，由于销售团队的规模较小和预算有限，可能无法为距离企业较远的客户提供服务。

（4）客户痛点问题，即客户在经营、管理、执行等方面遇到的问题。了解客户痛点问题，有助于企业判断自己是否有能力解决这些问题。

（5）购买阶段，即企业需要了解客户在意识到问题、意识到问题需要解决、解决方案 / 产品调研、解决方案 / 产品选择四个购买阶段中处于哪个位置。企业可以利用这些信息判断客户的优先级。

（6）客户需求，即客户对产品和功能以及售前、售中、售后服务的需求。这些信息可以帮助企业判断客户的需求和偏好，以提高客户满意度和忠诚度。

（7）客户目标，即客户想要达成的目标，如准确检测销售敏感词、降低 10% 的差旅费用等。客户目标是非常重要的信息，企业可以据此判断自身的产品和服务是否能够支持客户达成这些目标。

（8）客户采购流程，即客户购买某一产品或服务的过程。了解这一流程有助于企业判断客户的成单周期，并针对不同销售阶段制定合适的策略。

以上几个方面是企业需要在客户侧挖掘的主要信息。对于某些使用场景较为特殊的产品，还需要设定其他的客户标签。例如，对于全新的产品品类，因为这是之前市场上未曾出现过的产品，大多企业不敢轻易尝试，那么企业在初期销售时就要给其目标客户增加一个标签——客户行动类型，这类产品的目标客户是敢于"第一个吃螃蟹"的尝鲜者。

3. 关键决策人

在建立客户画像时，除了关注产品和客户企业本身，还需要关注客户企业中的关键决策人。关于关键决策人，我们需要关注以下几个方面的内容。

（1）决策链角色，即决策人在企业采购决策流程中的角色，是使用产品或服务的基层员工、部门管理者还是企业高层管理者。拥有较大决定权的决策人，对促成交易能产生更大的作用。

（2）岗位和职能，即决策人所在的部门和承担的职责。该信息可以帮助企业了解客户企业的关键决策人所拥有的决策权力大小以及他对解决问题的态度。

（3）希望解决的问题。企业中不同角色面临的挑战和目标各不相同。例如，企业高管的目标是改变销售业绩停滞不前的状况，销售主管的目标是提高管理效率，而销售人员的目标是提升个人销售技能。

（4）希望获得的价值，即决策者期望实现的目标。这既包括为企业创造的价值，也包括决策人获得的个人利益。例如，销售总监希望下半年业绩增长50%，这一目标不仅将为企业带来价值增长，也有助于提升销售总监的个人绩效和收益。

（5）其他个人特征。关键决策人的一些个人特征也值得关注，如年龄、性别、兴趣爱好、籍贯、毕业院校等，这些信息可以帮助销售人员找到消除距离、拉近关系的话题。

企业可以利用 PCD 客户画像分析模型对潜在客户信息进行全面梳理，并设置相应的客户标签。同时，借助数字化工具和 AI 技术，实现客户数据的自动化分析和自动化打标签，以快速绘制客户画像。

3.1.3 PCD 模型的个性化调整

PCD 客户画像分析模型适用于 B2B 企业，特别是客单价较高、购买决策较为复杂的企业。但在经过简化后，它也可用于 B2C 企业。对于 B2C 企业来说，通常其客户和关键决策人是同一个人，即产品的消费者。在这种情况下，PCD 客户画像分析模型就简化为 PC 或 PD 客户画像分析模型。

B2C 企业中还存在一种特殊情况，即关键决策人和最终使用产品或服务的人不是同一个人。与 B2B 企业相比，B2C 企业在挖掘客户和关键决策人的信息时侧重点有所不同，但两者建立客户画像的基本理念是相同的。

3.2　理想客户画像

一个企业拥有的销售资源是有限的，因而不可能对所有客户投入同样数量的销售资源。否则，不仅无法实现资源的合理分配，还会影响销售业绩增长。因此，企业必须明确最想获得的客户群体特征，即理想客户画像（Ideal Customer Profile，ICP）。

3.2.1　理想客户画像的定义

理想客户画像指的是企业的最佳客户，其需求与企业提供的解决方案高度吻合。这意味着符合理想客户画像的客户对企业来说具有极高的价值，因此企业需要投入较多的资源和精力来服务这部分客户。

理想客户画像建立在企业利用 PCD 客户画像分析模型梳理出的客户标签之上，只有满足既定条件和标准的客户才能被认定为企业的理想客户。表 3-1 是某企业的理想客户画像。

表 3-1　某企业的理想客户画像示例

行业	B2B、SaaS
地理位置	华东地区、华南地区、华中地区
企业规模	100 人及以上
购买阶段	解决方案研究
关键决策者	CEO、VP
痛点问题	1. 产生更多高质量的线索 2. 自动化发送邮件 3. 线索来源数据追踪 4. 提高市场团队效率
商业目标	短期目标： 1. 线索池数量在三个月内增长 30% 2. 半年内销售业绩提升 20% 长期目标： 1. 发现各个获客渠道的转化率、获客 ROI 2. 创建市场活动高效管理模式 3. 完成下一轮融资
数字化程度	企业微信

3.2.2　理想客户画像飞轮

理想客户画像并不是一开始就十分清晰和精准的，它需要随着企业业务的持续推进而不断调整和完善。图 3-2 所示的理想客户画像飞轮展示了企业理想客户画像随时间演变和进化的过程。

一家企业在刚刚起步还未获得第一批客户时，要根据产品和解决方案，推断出企业的理想客户画像。这是企业第一个版本的理想客户画像，客户标签较少，颗粒度也较大。企业市场部门会根据这一客户画像开展一系列获客活动，以收集潜在的销售信息。

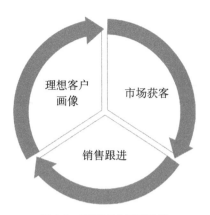

图 3-2　理想客户画像飞轮

在销售跟进的过程中，我们能够识别出成交客户的类型及其特征，利用这些信息可以补充和完善理想客户画像。这个理想客户画像，结合市场获客和销售跟进，构成了一个不断优化目标客户画像的飞轮。随着理想客户画像的不断完善，企业能够及时调整市场策略，从而获得更精准的销售线索，提高转化率，并增加销售收入。

本章深入探讨并确定了潜在客户的策略，明确了"向谁销售 / 谁是企业的目标客户"。PCD 客户画像分析模型提供了一个从产品、客户和关键决策人三个方面来全面绘制客户画像的方法。但是，并非所有客户都是理想客户。为了达到销售成单的最大效益和销售资源的最优分配，企业必须为客户标签设定标准，以明确理想客户画像。理想客户画像是随着市场变化而不断调整的，企业要注意在市场获客和销售跟进的过程中不断完善客户画像。

第 4 章 获取销售线索

在当前的商业环境中，无线索无从谈收入，而获取有效线索已变得愈发困难。一方面，获客成本不断攀升；另一方面，客户的购买行为发生变化。他们变得更加"精明"，会提前做大量的功课，大量搜索信息并对比多个供应商。为了应对这些挑战，企业应了解获客方法，合理选择获客营销方式。

4.1 四大获客方法

企业常用的获客方法有推播式营销（Outbound Marketing）、集客式营销（Inbound Marketing）、目标客户营销（Account-Based Marketing）和销售自主拓客。下面对这 4 种营销获客方法进行详细介绍。

4.1.1 推播式营销

推播式营销是一种沿用已久的传统营销方法，即利用电视广告、电台广告、电话营销、邮件、付费平面广告、参加展览、活动赞助和地推等方式吸引潜在客户的关注。随着大众传媒的发展，电梯广告和流媒体广告成为企业进行推播式营销的重要阵地。推播式营销的形式和渠道如表 4-1 所示。

表 4-1　推播式营销的形式和渠道

形式	渠道
电视广告	各大传统电视台、网络电视台、电梯电视、爱奇艺 / 优酷 / 腾讯视频等流媒体
平面广告	报纸、杂志等平面媒体
社交媒体广告（开屏广告、信息流广告）	微信、微博、抖音、快手、Bilibili、小红书等
邮件营销	邮件平台
电话营销	呼叫中心等电话平台
展览	各大贸易展览、大型展览会议等
活动赞助	各大体育赛事、电视节目等的赞助商
地推	线下：街道广场、地铁等，线上：社群
会议演讲	研讨会、行业会议等

如果用一个词形容推播式营销，就是"由点及面"。在推播式营销中，企业围绕产品的特性制作多样化的营销内容，并广泛传播，以触达尽可能多的潜在客户。这种获客方式具有"广撒网"的特点，只能保证内容发布完成，但不能确保潜在客户会接收到或者观看。它吸引客户关注的随机性较大，取决于客户在看到内容时是否对产品有需求，或内容是否能够激起客户的兴趣和好奇心。因此，推播式营销更加适用于单价较低、决策速度较快的 C 端产品。

推播式营销利用了"曝光效应"，通过长期不间断地投放各种形式的广告，如视频、图片、文字、声音等，出现在大众的视野中。长此以往，在大众心中留下印象，使他们对品牌产生熟悉感。这样当大众购买该类型产品时，他们脑海中会浮现出自己经常看到或听到的广告和品牌，从而促使他们购买。

推播式营销已经存在了很长时间，至今仍具有较高的实用价值。它确实能为品牌吸引大量关注。但是，企业也必须重视推播式营销带来的一些问题。

1.投入资金量大，ROI 难以跟踪衡量

推播式营销通常需要企业投入大量预算进行广告投放。另外，电视广告这样的营销方式无法准确统计实际观看人数，以及由于观看广告而对品牌产生印象和购买的人数。因此，企业无法准确计算推播式营销的 ROI。不过，随着数据埋点、路径追踪等技术的发展，客户的行为轨迹变得更容易追踪，社交媒体、电子邮件等线上互动渠道的客户行为都可以被记录下来，供企业分析和利用。

2.过度"曝光"适得其反

推播式营销是一种相对粗放的营销方式，受众范围较广，它不考虑受众是否愿意接收广告或者对广告内容感兴趣，强行进行信息传递。当一个人每天接收数百个品牌的广告时，他会感到厌烦并寻找屏蔽这些信息的方法。例如，对于手机 App 开屏广告、弹出窗口、机器人电话推销等，很多人会通过购买会员、垃圾邮件过滤、电话屏蔽和拉入黑名单等方式主动进行屏蔽。

4.1.2　集客式营销

推播式营销的弊端日益显现，以及 B2B 买方行为的变化促使企业寻找新的线索获取方法。与推播式营销形成鲜明对比的集客式营销应运而生。

集客式营销最早由 HubSpot 公司提出，其核心理念是让客户主动找上门。集客式营销的理念是：有潜在需求的客户会利用网络搜索等方式了解产品和品牌，公司则需要在所有可能接触客户的触点上提供高质量、有价值的内容，以此吸引潜在客户主动找到公司。

例如，一家汽车销售商的销售总监想提高其团队的管理效率，但不知道市场上有哪些产品可以满足自己的需求。他先搜索了市场上的产品，看到 A 公司官网发布的一篇文章，并从中了解到销售会话智能平台可以提升销售管理效率。

于是，他进入 A 公司的官网了解相关产品。

随后，为了探索是否还有其他公司提供销售会话智能产品，他又考察了其他几家公司。但他难以判定哪个公司的产品和服务更占优势。于是他转向知乎和百度搜寻相关信息，发现很多问答和文章都推荐 A 公司。因此，他决定向 A 公司提交咨询请求。A 公司迅速回应了该销售总监的请求，提供了详细的产品介绍、发送了相关资料和成功案例，并安排了产品演示。最终，该销售总监与 A 公司签订了购买合同。

在上述案例中，销售总监积极收集了相关产品信息。在客户决定在 A 公司官网留下咨询信息前，A 公司看似没有与客户联系，实际上在每个可能触达客户的触点上都留下了引导性内容，引导客户找到自己，最终达成交易。

集客式营销的重点在于制定完善的内容策略，保证在客户行为轨迹的每个阶段都有相关内容，通过精准、有用的内容吸引潜在客户。需要注意的是，在找到客户最佳触达渠道之前，公司应尽可能确保在所有潜在客户可能访问的媒介平台上呈现自己的内容，包括各类社交媒体平台和行业特定的网络媒体。表 4-2 展示了目前国内常用的集客式营销内容——渠道矩阵。

仅有内容还不够，还要确保这些内容能够被用户找到。因此，采用搜索引擎优化（Search Engine Optimization，SEO）策略至关重要。通过 SEO 策略，可以将公司内容置于客户搜索引擎结果页面较为明显的位置上，提高被发现的概率。集客式营销还鼓励公司员工利用社交媒体分享专业见解，建立作为关键意见领袖（Key Opinion Leader，KOL）的形象，吸引并赢得客户的关注和信任。

相较于推播式营销，集客式营销是一种低成本的获客方法，在 B2B 市场中得到广泛使用。HubSpot 公司的巨大成功进一步推广了这种营销方式，使其影响范围更大。

表 4-2 集客式营销内容——渠道矩阵

内容\渠道	官方网站	社交媒体							行业特定的网络/App媒体									邮件
		微信公众号	视频号	知乎	抖音	小红书	Bilibili	微博	百家号	搜狐号	网易号	企鹅号	CSDN	人人都是产品经理	简书	一点资讯	今日头条	
文章	✓	✓		✓		✓	✓	✓	✓	✓	✓	✓	✓	✓	✓	✓	✓	
白皮书	✓	✓		✓		✓	✓	✓	✓	✓	✓	✓	✓	✓	✓	✓	✓	✓
品牌文章	✓	✓		✓		✓	✓	✓	✓	✓	✓	✓	✓	✓	✓	✓	✓	
客户案例	✓	✓		✓		✓	✓	✓	✓	✓	✓	✓	✓	✓	✓	✓	✓	✓
视频			✓		✓	✓	✓	✓										
直播			✓		✓	✓	✓	✓										✓

4.1.3　目标客户营销

目标客户营销是一种高度集中、聚焦增长的营销策略。2004 年，信息技术服务营销协会（Information Technology Services Marketing Association，ITSMA）正式提出目标客户营销一词。近几年，目标客户营销策略已经超越了集客式营销，成为 B2B 营销的重要方法。根据 HubSpot 公司的一项报告，2021 年，70%的市场营销人员和 67% 的公司使用目标客户营销方法。

目标客户营销要求销售团队和市场团队通力协作，将资源集中在能够给公司带来价值的客户身上。根据理想客户的特征确定精准的目标客户，通过有针对性的营销与客户建立联系，为客户提供量身定制的个性化体验，促进客户购买，实现成交和续约。

确定目标客户是实施目标客户营销方法的第一步。对于已经积累了较多客户的公司而言，可以从公司销售系统中提取客户数据，找到最成功的标杆客户，系统搜集这些客户的信息，并深入分析他们的特点，如小型和中型 B2B 公司、市场团队规模在 100 人以上、公司业务集中在华东地区等。以这些成功客户的特点为基础，建立公司的目标客户画像，然后根据目标客户画像创建目标客户名单。这个过程需要市场团队和销售团队的紧密配合。

初创公司或进军新领域的公司没有太多客户积累，可供分析的客户数据有限。在这种情况下，公司可以结合自身产品和解决方案的功能与特点、权威研究机构的市场研究报告或公司自主的市场调研来建立一个初始的目标客户列表。

公司应对不同价值的目标客户进行分层管理，而不是一概而论。与之相对应，目标客户营销在具体实施时，有 3 种策略可供选择：一对多（One-to-many）、一对少（One-to-few）和一对一（One-to-one）。

1. 一对多

目标客户列表由很多具有相似特征的客户组成，公司针对他们采取相同的营销计划，如向该目标客户群中的所有公司发送相同的电子邮件。这类客户虽然属于公司的潜在客户，拥有理想客户的部分特征，但是还有些特征未能满足条件，对于公司来说具有较低的价值。

2. 一对少

公司针对由多个客户组成的目标客户群制订统一的营销计划。这类客户相较于一对多策略中的客户具有更高的价值，如购买意向较高但规模较小的客户。

3. 一对一

市场团队、销售团队及公司的其他团队要紧密协作，为特定客户制订高度定制化的营销计划。这类客户对公司来说极具商业价值，如购买意向、成交金额大的客户或待续约的客户。

需要注意的是，客户的特征和条件是会发生变化的，一对多策略中的客户可能会变成一对少的客户，最终可能变成值得进行一对一营销的客户。因此，公司需要根据客户的变化调整目标客户营销策略。

目标客户营销与集客式营销的主要区别在于：集客式营销不提前确定目标客户，受众范围广，目标是通过高价值内容吸引客户；为了吸引更多的潜在客户，集客式营销使用内容营销、SEO、社交媒体营销等多种策略。目标客户营销则是针对特定的目标客户进行定制化的营销推广，强调市场部门和销售部门的紧密配合，提高销售漏斗各阶段的转化率。

图 4-1 展示了集客式营销和目标客户营销在销售漏斗上的不同。集客式营销致力于扩大漏斗顶层的线索数量，使销售漏斗顶层变得更宽更广。这种漏斗的"坡度"更大，转化率较低。而目标客户营销在一开始就限定了要吸引的客户的方向，即目标客户。这在一定程度上收窄了漏斗的顶层，市场部门和销售部门集中精力与资源服务这些目标客户。这种漏斗的"坡度"偏小，转化率较高。

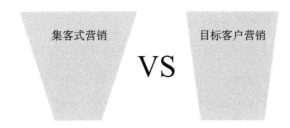

图 4-1　集客式营销和目标客户营销的在销售漏斗上的不同

公司并不需要在集客式营销和目标客户营销之间做出选择，而要发挥两者的协同作用——扩大销售漏斗顶层的同时提高转化率。通过集客的方式进行基于账户的营销，即通过集客的方式吸引目标客户，为其提供高价值内容和个性化客户体验。同时，用基于账户的营销弥补集客式营销的不足，为高价值潜在客户提供更加个性化和定制化的服务。

4.1.4　销售自主拓客

自主拓客是指销售人员主动寻找客户的行为。销售人员自主开拓客户的途径通常有以下几种。

1. 销售人员自身拥有的资源

有一定工作经验的销售人员积累了一些客户资源，他们可以从这些资源中挖掘有需求的、合适的目标客户进行销售。

2. 参加外部的市场活动

参加行业展览会并携带足够的名片，是销售人员自主拓客的常见做法。在选择参加的活动时，销售人员要注意收集活动举办地、参与企业和参与人员等信息，以判断是否与自己的目标客户匹配。另外，企业竞争对手、合作伙伴以及合作客户举办的活动也是销售拓客的好机会。

3. 利用企业信息查询工具

诸如天眼查、企查查、启信宝等企业信息查询工具提供了大量企业信息，包括工商信息、官方网址、电话、人员规模、股东结构和投融资轮次等。销售人员可以根据企业目标客户画像或成交客户特点，在这些工具上搜集具有类似特点的企业，寻找销售机会。

4. 使用 AI 智能潜客推荐工具

如今，出现了越来越多基于 AI 技术的智能潜客推荐工具，它们可辅助销售人员拓客。这些工具通常集成了天眼查、企查查、启信宝等企业信息查询工具上的信息。通过分析企业样本客户或目标客户画像的特征，这些工具能够自动推荐具有相似特征的潜在客户。

需要注意的是，自主拓客并不仅仅是销售人员的事，市场部门也应参与其中。市场部门能够在适当的时机为客户提供其所需的高价值内容。市场部门要与销售部门紧密协作，为客户提供更优质、个性化的体验。

4.2 获客营销方式选择

本章 4.1 节介绍的 4 种获客营销方法并不适用于所有企业。企业在选择时应考虑每种方法的成本和适用性，根据自身产品和服务的特点及营销目标选择不同的营销方法。本节将提供一种确定营销方式的方法，供读者参考。

4.2.1 销售管道

首先，我们需要明确两个概念——销售管道（Sales Pipeline）和销售漏斗（Sales Funnel）。

销售管道作为一种可视化工具,直观地揭示了销售人员将新线索转化为实际客户所要经历的一系列阶段。每个阶段的完成将推动潜在客户进入下一个阶段。对销售人员而言,销售管道不仅是一个重要工具,也是一个可遵循和依靠的行动指南。通过销售管道,销售人员可以准确定位潜在客户的当前状态,并明确下一步的具体行动以加快交易进程。销售团队管理者则可以借助销售管道更好地组织、管理和优化团队在客户跟进方面的工作。

销售管道的具体组成因企业、行业、产品、市场地位而异,一个典型的销售管道包括以下几个阶段。

1. 生成线索

生成线索即获得线索。

2. 合格性检查

销售人员通过提问确定潜在客户是否具有购买的需求、预算和权力。

3. 展示

销售人员向潜在客户传达产品价值,共同讨论最适合的解决方案。

4. 提案

销售人员向潜在客户发送详细的报价,列出产品、价格和交付期限等信息。

5. 评估

潜在客户对产品、组织和定价等进行评估。

6. 成交

谈判结束,签订合同,潜在客户成为正式客户。

销售管道示例如图 4-2 所示。

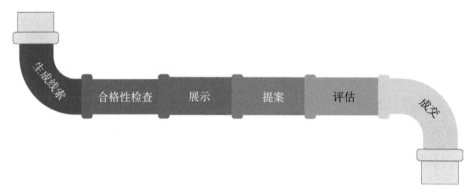

图 4-2　销售管道示例

销售管道报告展示的是某一时间点的数据，即在生成报表的那一刻企业销售管道每个阶段中存在的所有交易的价值和数量。销售管道报告示例如图 4-3 所示。

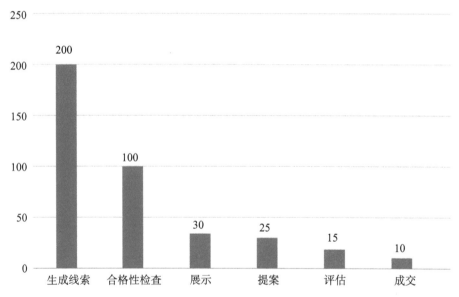

图 4-3　销售管道报告示例

4.2.2　销售漏斗

销售管道和销售漏斗虽常被混淆，但两者其实各有侧重，为我们提供了不同的销售跟进视角。销售管道关注的是销售人员在销售过程中的一系列行动，而销售漏斗关注的是潜在客户在各个阶段的数量和转化率。利用销售漏斗，销售人员和管理者能更清晰地了解实现销售目标所需的线索数量，以及潜在客户通过漏斗所需的时长。销售漏斗示例如图 4-4 所示。

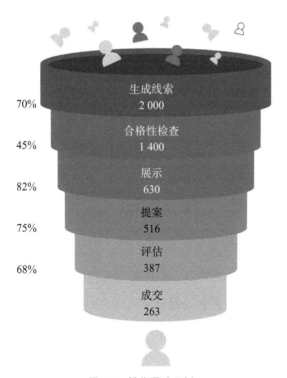

图 4-4　销售漏斗示例

与销售管道报告展示的是某一时间点的数据不同，销售漏斗报告展示的是某一时期的数据。例如，某企业上个季度获得的 1 000 条线索从漏斗的上一阶段进入下一阶段的比例。

4.2.3　获客方式

在介绍如何选择获客方式前，我们先通过表 4-3 了解 B2C 企业和 B2B 企业的销售有何不同。

表 4-3　B2C 企业销售和 B2B 企业销售的区别

项目	B2C 企业销售	B2B 企业销售
单客户价值	低，大多是低价值的一次性购买	高，关注 ROI 和客户生命周期价值
决策参与人数	1+	3+
销售周期	短，大多是一次性购买	较长
情感模式	感性，易受营销故事影响	理性，通常基于事实和数据
购买决策	简单	复杂
产品 / 解决方案适配	简单	复杂
单个销售人员负责的线索量	大，十分重视线索量	较小，重视客户关系和体验
折扣的影响	大，个人消费者对折扣有很大兴趣	较小，相对折扣更关注实际价值
获客成本	通常市场部门拥有大量获客预算	由于销售周期较长，获客成本较高
销售经验	要求低	要求较高，需要行业专业知识

从销售漏斗和销售管道的特点以及 B2C 企业销售和 B2B 企业销售的区别来看，B2C 企业以及客单价较低、销售周期较短的 B2B 企业更加注重销售漏斗的管理，漏斗最上层的线索数量对最终结果产生重要影响。这类企业要选择能够快速扩大知名度和影响力的推播式营销，以增加曝光，获得更多线索数量。

客户单价较高、销售周期较长的 B2B 企业则更加注重销售管道的管理。这类企业的目标客户的购买流程和产品方案选择较为复杂。销售管道可以帮助销售人员了解客户所处的位置以及应该如何推动客户进入下一个阶段。对于这类企业来说，线索的质量比数量更为关键。销售人员要尽力使获得的每一个有效线索都能促进成交，为客户提供良好的体验，促使客户主动传播，从而为企业创造更大的价值。因此，企业就需要面向特定的客户进行个性化营销。

需要注意的是，客户单价较高、销售周期较长的 B2B 企业虽然注重销售管道的管理，但也不能忽略销售漏斗。质量优于数量，并不意味着数量不重要。企业可以通过集客式营销的方法获得更多高质量线索，将目标客户营销和集客式营销结合，会获得更好的营销效果。

综上，我制作了营销方式应用地图（见图 4-5），展示了不同企业应如何根据客单价和销售成单周期选择不同的营销方式。

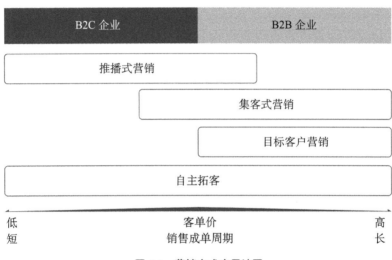

图 4-5　营销方式应用地图

本章介绍了推播式营销、集客式营销、目标客户营销和销售自主拓客四种常用的获客方法。由于 B2B 企业和 B2C 企业在客单价、销售成单周期等方面存在不同，因此它们所选择的营销方法也存在差异。

客单价高、成单周期长的 B2B 企业更加注重销售管道的管理，力求使每一条有效线索都能转化成交，适合使用目标客户营销的方法获客。若再辅以集客式营销，能够取得更好的效果。而客单价较低、成单周期较短的 B2C 企业更加注重销售漏斗的管理，要尽可能增加线索数量，选择"短、平、快"的推播式营销则更加合适。

第 5 章　销售线索闭环管理

高效管理销售线索的秘诀是构建线索管理闭环，这也是运用 DMSO 模型解决线索管理问题的核心。销售线索闭环管理的目的是追踪所有销售线索的来源、去向及效果。同时，通过分析线索转化效果和成交结果，相应地调整线索的来源和流转方式，形成一个闭环，以实现利益最大化。销售线索闭环管理示意图如图 5-1 所示。

线索在市场部门和销售部门之间流转，形成闭环。市场部门负责通过各种营销方式获取销售线索，并将经过市场判断合格的线索转交给销售部门，销售部门进行二次判断，对有效线索进行跟进。闭环的关键在于市场部门和销售部门协同合作，双方共同确定理想客户画像和线索质量判定标准。根据销售成交的客户群特征不断完善理想客户画像，市场部门据此调整获客策略，获取更多、更精准的高质量线索，并提高转化率。

B2C 企业客单价低、销售周期短，获得的线索无须经过市场部门判断后再分配给销售部门。线索筛选和分配（图 5-1 中虚线所示部分）可通过程序或软件实现自动化处理。然而，B2B 企业的线索的判断涉及更多维度，标准更为严格，这要求销售人员与潜在客户建立联系，以获取更多信息，从而进行

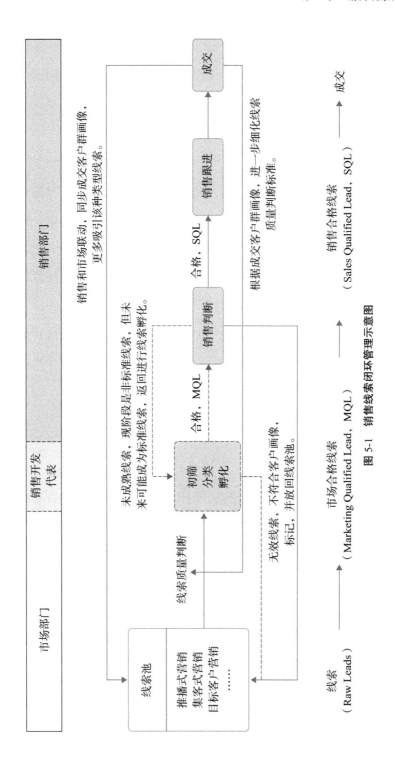

图 5-1　销售线索闭环管理示意图

69

有效的筛选工作。有些 B2B 企业会设立专门的岗位——销售开发代表（Sales Development Representative，SDR），负责线索的筛选、培育和孵化。

5.1　销售线索管理难题

一套良好的管理理念和方法可以帮助企业有效管理线索，提高业绩。线索管理的目的是确定适合企业的高价值线索及应该优先跟进的线索。销售团队应针对有效线索采取相应行动，使其促进成交，为企业带来收益。然而，实施有效的线索管理并非易事，有些企业甚至没有线索管理机制。在线索容易获取的时期，线索管理的重要性未能凸显，即使没有完善的线索管理体系，仍能取得良好业绩。但是，随着线索获取难度和成本越来越高，企业必须转变原来粗放的管理方式，寻求更好的线索管理方法。在探寻解决方案之前，我们先了解当前线索管理中存在的问题。

5.1.1　没有对线索进行筛选

企业市场部门通过举办各种活动、创作营销内容及实施 SEO 和搜索引擎营销（Search Engine Marketing，SEM）策略等，以此发现销售线索。对于线索的处理，不少企业采用的方式简单又粗放——全部推给销售人员，让他们自行联系。在销售人员手头客户不多且线索数量较少的情况下，这种方式是可行的。然而，当每个销售人员都在跟进大量客户时，这种方式就行不通了。

首先，线索的价值不一。有些线索非常符合理想客户画像，具有较高的价值；有些线索只是部分符合目标客户画像，具备较低的价值。另外，还有一些根本不符合客户画像的无效线索。销售人员在处理这些线索时，并不清楚每条线索的价值，只能按照随机顺序来联系线索。如果他们花费了大量时间处理无效线索或低价值线索，就会影响他们处理和跟进高价值线索，最终导致销售机会的流失。

其次，当销售人员正在跟进很多客户时，这时要求他们分配时间和精力来处理其他线索，无疑会增加他们的工作量，影响他们正在进行的跟进客户工作，可能会得不偿失。

最后，将所有线索推给销售人员会增加销售人员的心理负担，影响部门间的协作。想象一下，销售人员花了一天时间联系了市场部门提供的 50 条线索，结果却没有一条线索是有效的。销售人员会感到沮丧，觉得市场部门提供的线索质量太差，以后可能不再想接收市场部门提供的线索了。

5.1.2　线索响应不及时

线索响应时间指的是从潜在客户首次联系企业到企业回联他们所花费的时间。它反映了企业的响应速度，会对销售结果产生重要影响。当潜在客户对企业品牌和产品产生兴趣时，他们的购买意愿会增加。一旦他们决定留下联系方式则意味着他们正处于兴趣的高峰时期。如果企业能够迅速做出回应，将进一步激发潜在客户的购买意愿。然而，如果企业回应缓慢，错过了潜在客户兴趣的高峰，不仅无法维持他们的兴趣，还可能导致他们的兴趣消退或转向选择其他企业的产品。

提高线索响应速度可以带来积极影响，但很多企业并没有意识到这个问题。造成线索响应不及时的原因有很多：一是企业缺乏明确的响应规则和流程；二是线索来源渠道多样，无法提前判断其质量，销售人员不知道应该优先跟进哪些线索；三是销售人员负担过重，精力分散，如销售人员需要同时跟进多个线索，可能还有其他工作，从而难以集中精力。

5.1.3　部门协同问题

市场部门和销售部门是企业线索管理中的两个核心部门，市场部门负责获取线索，销售部门负责跟进线索。只有两者通力合作，才能发挥最大的协同作用。但在实际执行中，两部门协作时经常出现问题。

首先，核心目标不一致。市场部门和销售部门在线索的获取与处理上可能会产生分歧。市场部门更关注线索的数量，销售部门更关注成交，因此更重视线索的质量。如果两个部门在目标客户画像和线索质量判断方面没有达成一致意见，可能会导致两部门之间的紧张关系，阻碍销售流程的顺利进行。

其次，信息流转存在偏差。合适的销售线索要从市场部门流转到销售部门。在流转之前，市场部门掌握着线索的所有信息，或者企业设有专门筛选线索的岗位，该岗位掌握着一定的线索信息。这些信息可能是市场人员或线索筛选岗位人员的二手信息转述，如与潜在客户沟通的通话记录，记录下来的是人为选择的关键信息，且经过记录人的转译处理，无法避免个人经验性的表达。如果销售人员无法获得未经人工处理的一手信息，可能会导致销售人员在理解信息方面存在偏差。另外，这还可能导致销售人员向客户重复询问相同的信息，影响客户体验。

5.2　构建线索管理闭环

打造线索管理闭环是线索管理难题的有效解决方案。首先，需要对客户进行分类和定位，了解客户所处的阶段，这样企业才能选择合适的销售方法，为客户提供定制化的体验。在这里，我借用《销售加速公式：如何实现从 0 到 1亿美元的火箭式增长》一书中的买方画像 / 买方流程矩阵（见图 5-2）来说明客户定位的方法。需要注意的是，每个企业根据其销售的产品和服务的特点，以及企业发展阶段的差异，会有不同的客户分类和定位方式。

图 5-2　买方画像 / 买方流程矩阵

图 5-2 中的纵轴根据企业规模对客户进行了基本的分类，横轴代表了客户在购买过程中经历的不同阶段。

客户企业规模对线索的价值具有很大影响。一般来说，企业规模越大，成交所获得的利润空间越大。同时，客户对产品的认知和感兴趣程度也会影响将线索转化为销售额的概率。从这两个维度对客户进行分类，容易上手，而且比较高效。

需要注意的是，矩阵中纵轴的分类方式不是铁律，可以根据实际操作情况进行调整。例如，客户规模这个维度在某些行业适用，但是如果企业面对的目标客户规模基本相似，无法根据企业的规模来评定线索的价值，就需要考虑其他可行的分类维度。

根据实际情况的变化，维度的选择没有固定的标准，但基本的考量内容如下。

（1）目标客户的这一属性能在很大程度上决定线索的价值。

（2）能够根据该属性对目标客户群体进行大致的分类。

图 5-2 中横轴上的"买方流程"指标可以替换为更复杂的指标，如"线索成熟度"。这一指标允许我们通过引入更多因素来综合评估一个线索的成熟程度，具体因素如下。

（1）客户对产品的认知程度。

（2）客户对产品的需求程度。

（3）客户寻求解决方案的意愿强度。

（4）客户方对接人的职位和决策能力。

（5）客户与竞争对手的接触情况。

确定客户在矩阵中的位置后，我们就可以为他们定制体验了。假设一个潜在客户处在"小型企业 / 相关问题教育"的位置，我们可以通过微信公众号、邮件、短信等渠道，推荐专为这一位置的客户定制的电子书、直播活动等内容。对处于"小型企业 / 解决方案选择"位置的潜在客户，发送同一行业内小型企业客户的成功案例会更为合适。

确定客户画像和其所在购买流程的位置并非易事。越来越多的客户在做出选择之前更倾向于自己收集信息，而非直接联系销售人员。仅通过潜在客户在官网、微信公众号、知乎等公开渠道上的访问、观看、下载等行为，企业无法准确判断该客户的画像及其在买方流程中所处的位置。企业需要主动致电潜在客户，获取更多信息，以准确评估客户需求，并决定是否需要跟进及跟进的优先级。这一过程可以通过对潜在客户线索质量评分来优化处理。

5.2.1 线索质量评分

线索质量评分是一种常用的线索质量判断方法，它将潜在客户的属性、关键决策人及其行为等数据与企业理想客户画像进行匹配，根据匹配程度给予不同的分数，以评估潜在客户对企业的价值。根据评分，企业可以对线索进行分类，以便销售团队决定处理线索的优先级，以及要为其分配的时间和资源。相关研究表明，进行线索质量评分的企业，销售转化率有所提升。

1. 线上行为评分

越来越多的客户在购买产品和服务之前会在网络上收集相关信息，如通过百度、知乎、微信、小红书、微博等平台进行搜索。企业在这些平台上发布的内容，有可能促使客户访问官网、下载白皮书、观看宣传视频、留下咨询问题、填写留有电话号码的表格等。这些行为在某种程度上反映了客户的意向，如了解、学习、调研、购买等，是企业判断线索质量的第一道关口。根据线索的线上行为的评分，企业决定是否要进一步联系潜在客户。

在设计线上行为评分模型时，企业需要明确潜在客户的哪种行为最为关键，并规定一旦出现这种行为就必须与潜在客户联系。企业需要将这种行为的得分设置为触发电话联系的分数。例如，一家 SaaS 企业认为，客户的留资行为是一种非常强烈的信号，表示该客户对产品十分感兴趣。因此，该企业设定：当线索评分达到 60 分及以上时，销售人员需要电话跟进该线索；填写留资表单是一种至为关键的行为，这一行为的得分设定为 60 分，即一旦获得留资表单，销售人员就必须电话联系潜在客户。线上行为评分示例如表 5-1 所示。

表 5-1　线上行为评分示例

行为	得分
浏览官网首页	+3
访问产品详情页	+4
阅读 1 篇文章	+0.2
观看 DEMO 视频	+5
下载 1 次白皮书	+2
打开营销邮件	+2

（续表）

行为	得分
评论文章	+0.5
观看直播回放	+2
填写留资表单	+60

2. 企业统计数据评分

线索产生的线上行为还不足以让企业准确判断该线索的质量，还需要通过电话联系潜在客户，获得更多关于该线索的信息。这时企业要利用理想客户画像，根据潜在客户与理想客户的相似程度，对潜在客户进行评分。企业统计数据评分示例如表 5-2 所示。

表 5-2 企业统计数据评分示例

评分项	细分	得分	权重	加权得分
所属行业 （0 ~ 10分）	金融	6	1	6
	职业教育	10		10
	互联网家装	8		8
	房地产	8		8
	汽车销售商	8		8
	医美	9		9
	其他	3		3
地理位置 （0 ~ 10分）	中国	10	1	10
	海外	5		5
企业规模 （0 ~ 10分）	>100人	10	3	30
	50 ~ 100人	8		24
	30 ~ 50人	5		15
	<30人	3		9

（续表）

评分项	细分	得分	权重	加权得分
联系人所在部门 （0 ~ 10分）	市场	10	1	10
	人力资源	6		6
	产研	8		8
	其他	1		1
联系人职位 （0 ~ 10人）	CEO、CMO	10	1	10
	市场 / 产研总监 /VP	8		8
	市场经理	6		6
	其他	2		2
数字化程度 （0 ~ 10分）	企微、微信	10	3	30
	无	5		15
痛点 / 需求	线索获取	9	3	27
	线索激活	9		27
	线索追踪	8		24
	线索培育	10		30
	其他	5		15

　　根据销售周期的长短和客户购买流程的复杂度，负责主动电话联络客户的人员可以是销售人员或 SDR。B2C 企业或销售周期较短、客户购买流程相对简单的 B2B 企业，通常是由电话销售人员负责这项工作，他们在与潜在客户联系后会判断出线索的有效性，对于有效的线索进行跟进或成交，对于无效的线索则将其放回线索池。

　　销售周期较长、客户购买流程复杂的 B2B 企业的线索质量判断工作通常由专门的人员承担。在与潜在客户联系后，他们会对其进行评估和打分，以决定是将其转给销售人员跟进，还是进行培育和孵化。在这个阶段，设计电话沟通中需要询问的问题和事项十分关键。销售人员和负责线索筛选的人员需要事先基于企业的理想客户画像设计相应的问题并设立判定标准。

5.2.2 客户评级

在对线索进行质量评分后，销售人员可以根据评分结果决定是否跟进线索及优先联系哪些线索。但需要注意的是，这一评分只是决定了在众多尚未联系过的线索中，销售人员应该优先联系哪些线索，并不意味着在该线索发展成实际的销售机会后，仍保持相同的跟进优先级。销售人员通常会同时跟进多个客户，而每个人的时间和精力有限，他们也要为同时跟进的这些客户分配优先级。为此，利用销售数据为客户评级，能够协助销售人员更精准地制定跟进策略。

在销售人员与客户沟通的过程中，会产生大量的通话录音、会议视频、邮件、聊天记录等会话数据。企业可以通过分析这些数据来评估客户的购买意愿和可沟通性，并据此对客户进行评级，如图 5-3 所示。图 5-3 中意愿分代表客户购买意愿的强度，沟通分代表客户的可沟通性。这两个指标综合体现了客户

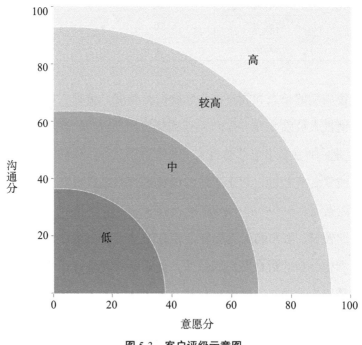

图 5-3　客户评级示意图

评级结果。

（1）高评级客户：意愿分和沟通分都很高。该类客户转化成交的可能性较高，因此销售人员应当将他们定为最优先关注的群体。

（2）较高评级客户：意愿分和沟通分虽然未达到最高水平，但处于较高水平。该类客户转化成交的概率相对较高，因此销售人员要重视这些客户的潜在价值，并采取相应策略以促成交易。

（3）中评级客户：意愿分和沟通分均处于中等偏下水平。该类客户具有一定的成单可能性，但是相对来说没有较高评级客户和高评级客户成单的可能性大。对于该类客户，跟进的优先级可以排在相对靠后的位置。

（4）低评级客户：意愿分和沟通分均处于低位。这类客户的成单可能性较低，销售人员对此类客户的跟进应排在最后。

如何分析客户的沟通分和意愿分呢？企业可以根据会话指标和关键事件来计算这两项分数。

1. 沟通分的计算

沟通分代表客户的可沟通性，通过一系列与沟通相关的会话指标综合计算得出。通过对这些指标的分析，销售人员可以评估客户的沟通能力和愿望，了解客户的参与程度、交流频率及对话的深度。这些会话指标包括但不限于以下内容。

（1）通话次数。

（2）平均通话时长。

（3）客户发言占比。

（4）客户提问频率。

（5）客户最长叙述时间。

（6）深入讨论次数。

客户沟通分的量化计算示例如表 5-3 所示。

表 5-3　客户沟通分的量化计算示例

记分项目与权重	分值				得分
	20	50	80	100	
客户提问频率（0.2）	＜ 3 次	3 ~ 6 次	6 ~ 10 次	＞ 10 次	100×0.2=20
客户发言占比（0.3）	＜ 0.2	0.2 ~ 0.4	0.4 ~ 0.6	＞ 0.6	80×0.3=24
通话次数（0.1）	＜ 5 次	5 ~ 20 次	20 ~ 50 次	＞ 50 次	50×0.1=5
客户最长叙述时间（0.2）	＜ 10 分钟	10 ~ 30 分钟	30 ~ 60 分钟	＞ 60 分钟	50×0.2=10
深入讨论次数（0.2）	＜ 2 次	2 ~ 5 次	5 ~ 10 次	＞ 10 次	50×0.2=10
能力分	–	–	–	–	69

以表 5-3 为例进行说明。该企业选择了客户提问频率、客户发言占比、通话次数、客户最长叙述时间和深入讨论次数这 5 个计分项目，并根据这 5 项对评估客户沟通分的重要性分别赋予 0.2、0.3、0.1、0.2 和 0.2 的权重。单项评分和总分均按照百分制计算。

假设一个客户的提问频率超过 10 次、客户发言占比在 0.4 ~ 0.6、通话次数为 5 ~ 20 次、客户最长叙述时间为 10 ~ 30 分钟、深入讨论次数为 2 ~ 5 次，则该客户的沟通分为 69 分（100×0.2+80×0.3+50×0.1+50×0.2+50×0.2）。

2. 意愿分的计算

意愿分的计算与关键事件密切相关。要先找出企业所有已成交的交易，分析每次交易从初次联络到最后成交整个销售过程中积累的会话数据，确定与成单相关性最高的关键事件。这些关键事件成为计算客户意愿分的基础。当销售人员与客户沟通时，每提及一次成单关键事件，客户的购买意愿就会增强。

除了从历史成交客户的会话数据中挖掘与成单高度相关的关键事件外，销售人员和客户达成的"下一步"也在一定程度上显示了客户的购买意愿。与成单相关性较高的关键事件和下一步的触达情况加权复合得出客户的意愿分。意愿分的计算方法和沟通分相同，这里不再赘述。

5.2.3　客户群画像

客户群画像描绘了特定客户群体所具有的特点，这些特点通常通过数据分析得出。建立客户群画像依赖数据挖掘和分析技术。在数据挖掘过程中，可以使用不同的分类器、聚类算法等方法对客户数据进行分类与归纳，以发现客户群体的共性和特征。

借助客户群画像的分析结果，企业可以更好地了解现有商机的来源渠道，找出最有效的获客渠道，后续便可以在这些渠道上加大投入，提高获客效率。图 5-4 展示了一家 SaaS 企业所有商机来源的分析结果，从中可以看出，该企业已经转化为商机的线索主要来自 SEM、活动、微信公众号、白皮书和官网。那么该企业在未来的营销活动中就可以更加关注这些渠道，并加大资源投入。

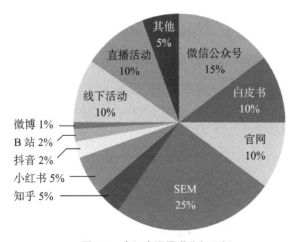

图 5-4　商机来源渠道分析示例

客户群画像有助于企业更好地了解成交客户的特点，从而更有针对性地获客。图 5-5 展示了 SaaS 企业成交客户的规模情况，该企业 90% 的成交客户的规模在 50 人以上。这一数据对进一步完善理想客户画像至关重要。市场部门根据不断完善的理想客户画像，实施精准而有针对性的营销策略。这也是我们在 3.2.2 节中所讲的理想客户画像飞轮。

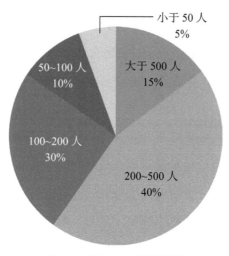

图 5-5　成交客户的规模分析

客户群画像分析不仅仅局限于商机来源和企业规模等标签，不同的企业可以根据自身情况选择分析不同的指标。例如，对于某个消费品牌来说，客户的年龄是其需要重点关注的一个因素，其可以利用客户群画像来了解客户的年龄分布情况。

5.2.4　提高线索管理效率的实践

1. 把握线索响应黄金时间，设置超时风险提示

线索响应速度深刻影响着转化效果。InsideSales 公司的 CEO 戴维·艾尔金顿（David Elkington）和麻省理工学院的詹姆斯·奥德罗伊德（James Oldroyd）

博士进行了一项涵盖 1.5 万条线索和 10 万通电话的调查，如图 5-6 所示。他们发现，线索的最佳响应时间是 5 分钟以内。若错过了 5 分钟的黄金时间，在 10 分钟内与潜在客户联系，企业获得合格销售线索的数量将会减少 400%。

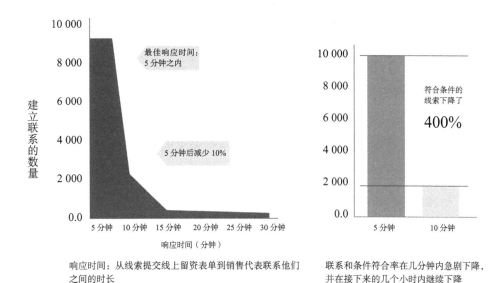

图 5-6　戴维和詹姆斯的研究发现

企业可以根据当前的线索响应数据，制定并评估不同的响应时间方案，以确定适合企业的最佳线索响应时间。此外，企业应该设立保障措施，确保在最佳响应时间内对线索进行及时的响应。在获得线索后或在将线索分配给销售团队之后，负责线索筛选的人员和销售人员都应该及时跟进线索。为此，企业可以设定跟进时效规则和奖惩机制。例如，要求负责线索筛选的人员必须在 5 分钟内回应。如果在第 3 分钟或第 4 分钟尚未回应，系统将自动触发风险提示，以提醒相关人员及时跟进。

2. 自动化线索评分和客户评级

如果没有自动化工具来辅助线索评分和客户评级，这两项工作对相关工作人员而言将变得异常艰巨。线索评分和客户评级涉及大量的计算和算法规则，如果没有自动化工具的帮助，完成这些工作将耗费大量时间和人力。这样不仅妨碍了销售流程的加速和效率的提升，还可能导致工作量的增加。

目前，大部分营销自动化系统能够在企业初次与潜在客户通话之前自动进行线索评分。一旦通话数据开始输入，营销自动化系统发挥的作用就十分有限了。为了解决这个问题，我们可以采用自动化处理通话数据的系统，将目标客户画像（如企业所属行业、业务内容、部门规模、现状、痛点等）以关键事件的形式标识出来。在录音文字分析中，系统自动标识出关键事件并进行判断，符合企业设定条件的线索可自动流转出去，从而极大地提高线索流转效率。在线索转化为商机之后，根据销售人员跟进过程中与客户沟通产生的数据，系统自动分析客户的沟通意愿，完成客户评级。

3. 发现动态指标　完善客户画像

在创建目标客户画像时，我们制定了一系列指标和标准，如所属行业、痛点、预算、关键决策者等，这些都反映了客户的静态物理属性。然而，我们忽略了一个动态指标——客户行为指标。销售的目的是成交，而推动成交的关键在于激发客户的购买行为。为了促进客户采取行动，我们需要先了解客户行为。

这里所说的客户行为指标不是客户在网络上的活动，如下载白皮书、填写表格、浏览网页等，而是客户在与销售人员沟通时的行为模式。例如，客户在销售人员跟进的初期会关注现有系统集成的难易度问题，客户在沟通的前期会关注质保事项等。通过对已成交客户的数据分析，企业可以得到潜在客户的动态行为指标，这些信息对于销售人员推进销售流程至关重要。此外，该方法还可以从另一种维度上补充和完善客户画像，从而进一步提高客户质量判断的准确性。

除了利用数据分析客户的动态行为指标，还可以验证现有客户标签的准确性，并对不完整的客户标签进行补充。例如，一位客户在两天内访问了五次一家汽车品牌的官方网站上的 A 汽车详情页面。基于这些行为，该品牌给该客户贴上了"喜欢 A 汽车"的标签，但对于该客户是否具有购买力，该品牌并不确定。于是，客服人员与该客户进行了半个小时的电话沟通，在客户关系管理（Customer Relationship Management，CRM）系统中手动添加了关于该客户的标签，包括"购买能力—暂无""选择偏好—A 汽车喜爱者—否"。

通过分析这通电话录音的内容，我们发现该客户其实是在帮父母挑选汽车，他本人对这款车并不感兴趣，但父母喜欢。尽管该客户暂时无法承担车款，但其父母有支付能力。为什么会出现这种误解呢？首先，关于该客户喜欢 A 汽车的标签是根据其浏览行为推测出来的；其次，在电话结束后，客服人员需要手动在 CRM 系统中更新标签和添加标签，存在不想填写或遗漏关键信息的情况；而手动填写的内容是人为选择的，可能会忽略掉某些关键信息。如果利用技术系统自动进行分析，就可以避免这种情况。同时，还能够纠正和更新客户标签，补充之前缺失的信息。

5.3　线索管理"联络员"SDR

SDR 最早在 20 世纪 80 年代出现于 Salesforce 等分工细化的大型企业中，目前在全球的整个营销体系中已经是相对成熟的一个岗位。但在国内，SDR 是一个新兴的岗位，2018 年和 2019 年在 B2B、SaaS 领域出现。近年来，随着市场环境的变化，国内越来越多的 SaaS 企业组建了自己的 SDR 团队。

5.3.1　什么是 SDR

SDR 主要负责对线索池中的大量内部线索（Inbound Leads）进行初步筛选，

以及主动获取外部销售线索（Outbound Leads），以便拓展商机，向销售漏斗中注入潜在的客户资源，推动线索进入销售流程。

除了传统的一对一上门拜访和电话沟通之外，网络广告投放、内容营销等营销方式的创新使得大量线索涌入企业，同时，一些企业有主动寻找销售线索的需求，负责主动获客与筛选线索的 SDR 部门也随之诞生。

除了筛选线索外，SDR 的另一个重要职责是线索培育。线索培育或者说线索孵化是一项长期且艰难的任务，因为它涉及的潜在客户在接触 SDR 专员之前并没有购买意向，或者对产品的了解也可能只是初步的。线索培育主要针对两类对象：一类是目前尚不符合提交给销售部门标准的潜在客户，他们可能对产品和需求了解不充分；另一类是 SDR 判断线索符合转交给销售部门的标准，但经过销售部门确认，当前无法进入销售流程的潜在客户。

SDR 不等同于电话销售，因此不能仅由电销团队来承担其职责。

电话销售的目的非常简单且直接，即促成交易。因此，在电话沟通中需要特别强调产品功能，或者极力推动客户进入销售环节。然而，客户对这种方式已经比较麻木，甚至非常抵触。相比之下，SDR 沟通策略没有那么强的功利性，其主要目的是筛选线索和培育商机，不会急于推动销售进程。

目前，关于 SDR 究竟应该归属于市场部还是销售部，并没有统一的定论，企业可根据自身需求做出决定。根据销售与市场营销研究咨询机构 TOP0 的调研结果，大部分企业倾向于将 SDR 团队划归销售部——65% 的 SDR 团队向销售副总裁或销售总监汇报工作，23% 的 SDR 人员向市场部汇报工作，12% 的 SDR 人员向其他职能部门汇报工作，如运营总监、CEO。

下面通过一个案例来说明 SDR 的作用。

一家从事财务软件研发和销售的 SaaS 服务商的客单价超过 50 万元，销售周期通常为三个月至一年。由于客单价较高、销售周期较长，其销售人员需要在购买意愿较强的客户身上投入大量的时间和精力，力求实现所有潜在客户的转化。在发展初期，线索数量较少，每一条线索都直接由销售人员联系跟进。然而，随着产品和服务的成熟，市场获客经验的积累，线索数量与日俱增，市场部门和销售部门之间的这种合作方式开始出现问题。

一年前，这一问题变得更加突出和严重——线索转化率下降，市场部门和销售部门产生矛盾：市场部门质问销售人员为什么没有联系跟进他们的线索，销售人员则质疑市场部门不懂什么是真正高质量的线索。

为了解决这个问题，该企业梳理了目前销售部门和市场部门的情况：市场部门以获得更大更多的流量为目标，使用各种技术、创建各类内容、举办各种活动来获取大量线索。销售部门则以成单为目标，将大部分的时间和精力放到购买意愿强的客户身上。

两个部门的矛盾点在于：市场流量的增加也造成了低质量线索量的激增，销售人员在联络线索上花费了很多时间和精力，最后发现能够跟进的却很少，投入产出比太低，于是便不愿意联系市场部门提供的线索。市场部门认为自己为了获取线索付出了巨大努力，销售人员却不跟进，这是对其工作的不尊重。还有部分市场人员认为自己提供的线索很多，最后的转化率低，是由于销售人员没有努力跟进。

除了两个部门间的分歧，该企业发现造成线索转化率低还有另外一个原因，即在无效线索和销售人员可立即跟进的线索之间，还存在大量的"未来高质量线索"。这些线索实际上正处于潜在客户对问题的认知和教育阶段，并未得到应有的关注。

找到了问题的原因所在，该企业着手寻找解决方案。它调研了国内外同类SaaS 服务提供商和其他成功 B2B 企业在线索管理上的做法与实践，发现设立SDR 是很多企业关于这一问题的解法。在实地了解了其中两家企业设立 SDR的成功经验后，该企业决定设立 SDR 岗位。

市场部门、SDR 和销售部门共同制定了线索质量判定的标准，确保市场部门和销售部门就线索质量标准达成一致。市场部门获取的线索先由 SDR 进行评估：无效线索将被标记并放回线索池；现阶段不适合销售人员跟进但未来可能成为标准线索的放入培育和孵化线索池；符合标准的线索转交给销售人员，销售人员再次进行判断；符合销售跟进标准的线索接收跟进；不符合的返回给 SDR 进行培育，待线索成熟后再转给销售人员跟进。

三个月后，该 SaaS 服务提供商市场部门和销售部门之间的矛盾消除，线索转化率大幅提升。

5.3.2　企业是否需要设立 SDR 岗位

虽然 SDR 团队十分重要，但是并非所有企业都需要建立 SDR 团队。销售线索到回款的全流程（Lead to Cash，LTC）路径和周期短的 B2C 企业是不需要 SDR 的。那么，什么样的企业在什么情况下需要建立 SDR 团队呢？如果企业符合以下一种或者多种情况，就可以考虑建立 SDR 团队。

（1）To B 产品销售。

（2）产品复杂，销售周期长。

（3）市场营销所带来的大量销售线索不能及时响应，线索池中"沉睡"线索数量较大。

（4）市场营销能力有限，需要寻找持续稳定的销售线索来源。

（5）线索甄别占据了销售团队 20% 以上的精力或时间。

本章介绍了销售线索的管理，其核心在于构建线索管理闭环，形成"市场获客—销售跟进—更加完善的客户画像—更精准的市场获客"的循环。

线索闭环管理的核心理念是通过运用 DMSO 模型解决企业在线索管理上的

问题，从而达成重要的管理成果。线索管理的主线是符合目标客户画像标准的线索在不同部门间的流转和在销售过程中的转化。这一主线的初始元素是客户标签，即我们在线索管理这一任务中设立的关键指标。

针对这一指标，我们进一步通过确立目标客户画像的标准——确定客户标签的范围和具体数值来绘制理想客户画像。在线索流转过程中，我们利用市场数据和销售数据来分析与设置线索流转的标准。另外，通过对线索的成交数据进行分析，我们又能够更加深入地了解理想客户的特征，从而优化和完善客户标签与客户画像。

第 6 章　经验主义搬用销售方法论

如果说销售流程是一张"线路地图",标志着跟进过程中的一个个里程碑,为销售人员指明方向,使其明确目的,从而提高销售效率,那么销售方法论就是支持销售人员抵达目的地的工具,使其精进能力,提升销售效果。拥有一套稳固有效的销售方法论,对于优化销售流程至关重要。根据 MetaCX 和 Revenue Collective 的 B2B SaaS 销售状况报告,近 60% 的企业认为,采用销售方法论提升了他们的收益。

6.1　常见的销售方法论

目前国内外受欢迎的销售方法论有很多,下面介绍三种常用的销售方法论。

6.1.1　SPIN

SPIN 销售法由尼尔·雷克汉姆(Neil Rackham)于 1998 年提出。其中,S 指的是 Situation Questions,背景问题,即了解客户与其所在组织现有的背景事实；P 指的是 Problem Questions，难点问题，即挖掘和理解客户的问题、困难和不满；I 指的是 Implication Questions，暗示问题，即揭示问题不解决将带来的不利影响和后果；N 指的是 Need-Payoff Questions，需求—利益问题，即取得客户对于解决问题后的回报与效益的看法，将讨论推进到行动和承诺阶段。

这套销售方法论的核心在于用高超的提问技巧，通过大量的问询帮助客户发现并满足需求：通过背景问题构建客户资料库，利用难点问题来挖掘客户的隐含需求，再用暗示问题使客户了解隐含需求的重要性与急迫性，进而提出需求—利益问题让客户产生明确的需求，最后提出解决方案，让客户感受到产品 /服务的价值和意义，对购买加以支持与赞同，从而促成交易。SPIN 的提问顺序如图 6-1 所示。

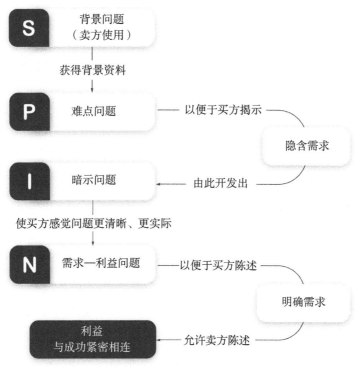

图 6-1　SPIN 的提问顺序

6.1.2　挑战式销售

布伦特·亚当森（Brent Adamson）和马修·狄克逊（Matthew Dixon）在2010 年提出了颇具开创性的"挑战式销售"。传统的销售方法论专注于产品或服务，而挑战式销售则注重"教育"客户去认识他低估或者还未发现的问题。在这套销售方法论中，销售人员会在深入了解客户业务的前提下，占据主动地位，有效引导对话，其主要目的不再是劝说客户购买，而是转变客户的思维方式，提供有价值的商业见解并最终引向自己的解决方案。

挑战式销售的步骤如下。

步骤 1：暖场。销售人员通过表明自己对客户的深入了解，赢得客户信任。

步骤 2：重组。梳理整合信息，提出客户未曾考虑的问题、需求或隐患。

步骤 3：证明。通过数据分析明确问题的重要性，尤其要深入分析与客户有关的方面。

步骤 4：共鸣。通过典型事例，引起客户心理和情感方面的共鸣。

步骤 5：提议。提出解决问题的新思路，让客户认同销售人员提出的方案。

步骤 6：推出。自然地将客户问题引向自己的解决方案，并着重强调具体操作流程。

6.1.3　解决方案型销售

解决方案型销售是由美国的迈克尔·博斯沃思（Michael Bosworth）在其著作《解决方案销售（经典版）：项目销售的制胜之道》中重点介绍的销售理论。进入信息化时代后，高新技术产品，如计算机设备、软件和咨询服务的销售面临新的挑战，如销售的产品或服务难以描述、技术含量高、抽象性内容多、更新快、使用风险高、价格昂贵、销售周期长、采购决策成员多、销售价格不再是赢单的主要因素等。

传统的销售方法在应对这些新的市场挑战时往往难以奏效，并暴露出许多问题，因此需要适应环境变化的新方法——解决方案型销售。1993 年 3 月，IBM 聘请郭士纳为董事长，在随后的 10 年间，郭士纳带领 IBM 重回巅峰，不仅重振了 IBM 的创新活力，提高了运营效率，还促成了 IBM 向解决方案服务提供商的成功转型。IBM 业务高管拉里·帕斯特曾评价道，对于解决方案型销售的培训，他期待已久，每次学习都收获满满。现在，我们的团队已经共享了解决方案型销售和服务营销的方法，统一了流程中的术语，我们坚信自己有能力发现新机会并将之变现。

除了上面提到的销售方法论外，还有很多其他销售方法论，如新概念销售、桑德拉销售原则等。

销售流程列出了实现交易所需经过的一系列"关卡"，而销售方法论则将一些实用的原则、策略和最佳实践引入流程的每个阶段，解释了流程背后的原理和操作方法。销售流程和销售方法论之间就像骨与肉的关系，两者结合，形成了销售的基本理论框架，指导和帮助许多企业（尤其是 To B 企业）与销售人员进行销售跟进工作。许多企业已经建立了自己的销售流程，并借助 CRM 软件系统来管理和规范这些流程，同时在流程的某个或某些阶段应用销售方法论，以提高销售效率和成交率。

6.2　销售方法论与实践之间存在鸿沟

仅吃透理论，真的就能一劳永逸吗？事实上，在实际的销售中，销售人员仍然面临着丢单、转化率低等问题，企业同样在为增加订单量和创造营收感到苦恼。在我看来，出现这些问题的根源在于理论和实践之间的脱节。这种脱节可能源于客观因素，如场景不符合理论条件；也可能源于主观因素，如对理论的理解不到位。这一差距常常使销售人员陷入困境，对销售增长构成了一大障碍。

6.2.1 销售人员：理论难以执行

对于销售人员而言，将理论应用到实践中非常具有挑战性。通过各种内外部培训，企业将各种理论、技巧和方法灌输给销售人员。销售人员看似了解了很多销售跟进的知识、理念和操作流程，但在实际跟进过程中，这些理论是否得到有效的应用仍然是一个未知数。很多时候，理论的执行不仅受个人主观意愿和能动性的影响，也会受许多客观因素的干扰。

就个人表现而言，除了少数天才型销售人员能够迅速领悟并灵活运用理论外，大多数销售人员很难将理论完美地应用于真实的跟进场景中。从客观因素来看，理论的成功应用往往依赖于丰富的实践资源，如充足的时间和详尽的线索信息。从主观因素来看，销售人员通常要同时处理多个线索，导致无法充分获取信息。主客观因素都在不同程度上影响理论在实践中的应用效果。

"纸上得来终觉浅"，这句话揭示了销售工作的强烈实践性。除了学习和熟记各种原则与技巧，销售人员还需要在实战中不断练习，积累经验。要做到知行合一并非易事，受制于各种现实困难，一线销售人员往往无法完全按照销售理论进行操作。

在实际销售工作中，将理论应用于实践常常会遇到以下两种问题。

1. 商机信息遗漏和线索浪费

销售人员（尤其是电话销售人员）每天要打很多电话，并要及时响应新线索。根据 SPIN 销售法，销售人员在与客户进行前期沟通时要收集大量潜在客户信息。因此，在电话沟通或面谈过程中，销售人员必须遵循 SPIN 销售法，及时记录客户信息。在电话沟通场景中，销售人员通常边听电话边在客户管理系统中添加注释、做笔记。这样一来，既不能有效记录关键信息，也不能专注于沟通，从而影响沟通的效果。虽然做了很多工作，但没有达到充分挖掘客户信息的目的。

信息遗漏会导致线索浪费。例如，高质量的潜在客户却没有得到进一步跟进；或者和潜在客户约好了下一步，销售人员却忘记跟进。这些情况时有发生。

在我对多个电销团队进行的调研中，有一项考察引起了我的注意。这个电销团队的培训流程和工作流程非常规范，并且拥有先进的外呼设备和 CRM 系统。在进行电销工作时，销售人员会按照设定好的问题询问客户。我发现团队成员需要自备纸笔，因为客户的回应千奇百怪，层出不穷，而且沟通速度极快，电销人员不得不随手在纸上记下关键信息。这些记录下来的内容通常非常简单，很多都是只有记录者本人才能理解的符号。大部分情况下，他们不会将这些信息转换成文字录入系统。他们向我反映，CRM 系统中的信息数据录入过于烦琐，尤其需要手动录入众多标签，这无疑会浪费很多时间。

如此一来，SPIN 销售方法的第一步效果已经大打折扣了。由此可见，销售方法论和实践之间的融合仍需不断探索。

2. 销售人员提问、沟通效果不佳

销售理论强调开场白的重要性，并提倡深挖客户需求。然而，在实际的电话沟通中，真实情况与理论所述并不完全一致。销售理论并未提供如何根据具体情况灵活应变的具体指导。销售人员可能会尴尬地"暖场"，但这不能增进双方的关系和信任，因为客户可能对销售人员讲述的事情或话题不感兴趣。

如今，产品信息复杂多样，如果产品介绍和展示不清晰或未引起客户兴趣、客户异议处理不当等，这些方面的任何疏忽都可能导致交易失败。销售（尤其是 To B 销售）场景多样且链路长，销售跟进又是一个相对开放的沟通环境，更

95

需要销售人员灵活应变。

6.2.2 销售团队管理者：理论的执行情况难以监测

不仅是一线销售人员，销售团队管理者同样面临着将理论和实践相结合的挑战。如果说销售人员的任务是运用销售理论促成正在跟进的商机，销售团队管理者则承担着提升团队整体绩效的责任。销售理论框架为我们提供了一个宏观的指导原则，但它是否足以推动团队取得进步和成功？一线销售人员是否严格遵循企业确立的销售流程和销售方法？在具体的跟进中执行得如何？对于这些现实情况，管理者难以监测。

1. 一对一复盘，效率低下

在传统模式下，销售团队管理者难以全方位了解团队成员的跟进情况。为确保理论框架有效落地，管理者需要频繁地和团队中的每一位销售人员进行一对一复盘，通过回放电话录音，了解每位销售人员的跟进表现，确保他们都在正确的轨道上。这个过程势必耗费大量的时间和精力，而烦琐、低效的程序甚至会影响团队的日常工作。

销售复盘是销售工作中非常重要的一部分。它可以分析和评估销售活动的过程，以确定哪些策略和技巧是成功的，哪些需要改进。通过销售复盘，销售人员可以了解他们在销售过程中做得好和做得不好的地方，从而更好地规划未来的销售活动。

2.跟进过程不可见，辅导、干预、补位不及时

销售团队管理者通常只能看到结果：成单或没成单。销售团队管理者无法清晰地看到销售跟进的过程，也就无法对团队中的每个成员和跟进中的商机有全面、准确的了解。这也让销售团队在丢单原因的复盘上缺失方向。丢单的原

因是什么，是因为输给了竞争对手，还是客户中止了采购，抑或是销售人员的问题？团队正在做什么、做过什么以及是如何做到的？哪里做得好，哪里做得不好，如何做得更好？

销售过程不可见，让整个销售团队笼罩在"迷雾"中，成功和失败似乎都是偶然和随机的，这阻碍了销售团队管理者及时发现问题，从而导致销售团队管理者无法有针对性地辅导销售人员、干预跟进流程和复盘。如此一来，不仅可能错失商机，团队也无法实现成长。无论是进行中的交易还是未来可能产生的交易，销售团队管理者都不能很好地把握。

在我接触的客户中，有一个业绩出色的销售主管令我印象深刻，他的团队一共有 10 个人。

季度初，这位主管制订了一项计划，旨在提高销售团队的拓客量。他鼓励销售人员积极地开发潜在客户，并为他们提供了很多支持和资源，如市场营销材料、销售培训课程等。销售人员听从了主管的建议，开始更积极地开展潜在客户开发工作。

在计划执行后的第一个季度，虽然团队的拓客量提高了 20%，但成交量却下降了。进一步研究后发现，销售人员在与潜在客户的谈判中遇到了一些问题。其中，多个客户的流失是因为销售人员没有很好地理解客户需求，而是简单地套用了在培训课程中获得的知识和经验。主管意识到，销售人员需要更及时、更具体的支持和辅导，以帮助他们在销售谈判中取得更好的结果。通过对商机进行针对性的干预，季度末，销售团队的成交量提高。

因此，盲目机械地套用销售方法论，销售人员会在实际操作中遇到困难，而不能像理论描述的那样理想地解决问题。"一个人永远无法两次踏入同一条河流"，同样的，每次的销售过程都是独一无二、不可复制的。"授人以鱼不如授人以渔"，只有摒弃经验主义的思维，销售人员才能真正跨越理论与实践之间的鸿沟。

第 7 章　从听懂客户的声音开始

销售人员受经验主义的影响照搬销售方法论极易"水土不服"，因为每一个客户、每一笔交易都具有独特性。那么，如何摒弃经验主义思维，正确进行销售跟进呢？答案是回归问题本质，即销售跟进的本质。销售跟进的本质是通过与客户沟通促进客户购买，销售跟进的结果是由外部体系衡量的，即客户是否产生购买行为，因此客户才是销售跟进的中心。销售人员要想获得成功，听懂客户的声音至关重要。

客户的声音是常见且易理解的销售词汇，不少经典销售书籍都提及过这一名词。

根据六西格玛（Six Sigma，6 Sigma）策略，客户的声音通常指的是客户的反馈、意见、需求，以及对产品或服务的评价等信息。

在 SPIN 销售法中，客户的声音指的是客户的问题和需求。

在解决方案型销售中，客户的声音是指客户对于其业务问题和挑战的表达与描述，包括客户的痛点、需求、期望和目标等。

7.1 客户声音的解读方法

根据 DMSO 模型理念，我们梳理了销售跟进过程中的重要指标，并制定了对于该指标的量化标准，不断优化，使指标达到更高的分值，或者优化指标模板，从而达到完整的销售跟进能力的升级。下面主要介绍根据 DMSO 数据思维所孵化的销售跟进方法论。

在该销售跟进方法论中，我们引入了两个重要指标系统：客户信号和关键事件。这两个指标分别衡量客户侧信息和销售侧信息。由于企业的发展情况不尽相同，它们应当为客户信号和关键事件制定各自的量化标准。这些标准应随着企业的成长而提升，并不断优化。企业要发挥自我优化的能动性，区别于以往的销售方法论的理解和使用，以提高销售跟进效率。

事实上，所有的销售方法论都在讲述同一个道理——理解客户。对于销售人员来说，准确解读客户的声音至关重要。过去，这种解读主要关注于揭示客户的需求。

7.1.1 客户需求

客户需求是指客户在购买和使用产品或服务时所具有的，对产品或服务的特定功能、品质、价格、服务等方面的要求或期望。

客户需求是营销学和销售学中涉及的基本概念。

在销售过程中，理解并满足客户需求十分重要。因此，在定义客户需求时，销售人员需要考虑客户在购买和使用产品或服务时的期望与要求，以及这些需求对成交的影响。同时，定义客户需求也需要考虑客户需求的多样性和变化性，以便能够更好地满足客户需求并实现销售目标。

客户需求在不同订单类型中有着本质的区别。大订单与小订单之间、消费者购买行为和企业采购行为之间的客户需求存在显著不同。我将通过三个亲身经历的故事来详细讲述这些差异。

案例 1：小订单

我在云南出差期间，工作完成之后，逛了一家当地的工艺品店。其中有一款马克杯，以傣族服饰的色彩元素为设计依据，设计感非常强。这款马克杯的标价为 45 元，于是我立刻买下了这个杯子。

案例 2：中订单

我之前常去的一家健身房的负责人小李计划提供更好的服务，考虑提供鞋子等产品以满足会员需求。他与鞋子卖家小王进行了沟通，了解了小王店铺的产品和售后服务，并提供了会员对鞋子的需求和喜好等信息。小王向小李介绍了他的产品，并提供了一份有关价格、运输和售后服务的报价单。随后小王向供应商订购了适合健身房会员的鞋子，并在一周内提供了一份样品订单，让会员试穿。小李将会员对产品的反馈告知小王。最终，小李与小王签署了一份中型订单，小王与供应商达成合作并确保及时发货，同时向小李提供了有关订单状态的实时更新信息。

案例 3：大订单

之前我在一家公司做职业经理人，发现该公司财务流程过于烦琐，因此我决定引进一套新的财务系统。我让采购经理负责这个采购项目。在开始寻找合适的财务系统之前，他先对公司现有的财务流程进行了分析和评估，确定了需求和目标。

这名采购经理进行了广泛的市场调研和询价，收集了各种相关资料和信息。他还组织了多次财务系统的演示和试用，从系统的功能、性能、易用性、安全性、售后服务等多个方面进行了评估和比较。后来，这名采购经理与财务部门产生了分歧，经多方协调后，由我最终决定选用哪个系统。

从上述几个案例中不难看出，不同规模和类型的订单，客户需求大相径庭。

小订单通常是个人消费行为，购买的物品或服务数量较少，价格也不高。在购买过程中，客户的需求通常是即时、简单、直接的，往往不需要太多的考虑和研究。

而企业采购的大订单则不同，客户需求更加复杂、多样化、个性化。在进行大订单采购前，企业通常会对自身的采购需求进行详细的分析和评估，并对所需采购的产品进行广泛的市场调研、比较和筛选。大订单的采购决策也更加烦琐，购买者与使用者往往并不同。大订单的服务流程非常长，如交付后的长期支持，其售后价值也相当高，如续约和增购等。

不同类型订单需求要素对比如表 7-1 所示。

表 7-1　不同类型订单需求要素对比

需求要素	决策角色	购买者＝使用者	购买风险	需求开发时间	交付时间	购买价格	售后价值
小订单	个人	大部分是	小	短	即时	低	低
中订单	小群体	部分是	中	中	短期	中	中
大订单	决策链	大部分不是	大	长	长期	高	高

不同订单的需求要素差别巨大，因此在理解客户需求的基础上，销售人员需要进行更多的准备。许多销售理论书籍已经对客户需求进行了相当透彻的分析，并阐述了理解客户需求的方法，但大部分客户需求理论基于经验主义，不具备数据思维和可量化性。因此，下面将从客户声音的另一个重要方面——客户信号切入，对客户需求进行量化、分析，促使销售过程提效。

7.1.2 客户信号

许多销售方法论用客户需求作为锚点锚定客户声音，销售人员在沟通过程中需要总结出客户对产品的具体需求或对服务的期待。本书基于 DMSO 模型，旨在提供一种新型的指标——客户信号，既作为一个新型的锚定客户声音的锚点，又可以成为一套解读客户声音的新方法。

客户信号贯穿于整个客户旅程的各个阶段。客户旅程是从客户的角度出发，涵盖对产品或服务的完整购买和体验过程。客户信号是客户在购买过程中传递给企业的各种信息，这些信息对推动销售进程具有重大影响。在销售活动中，客户可能时时刻刻都在释放着"信号"。销售跟进的核心在于紧密关注客户，准确而具体地捕捉这些信号，以便更加顺畅地推进销售。

1. 客户信号的定义

客户信号是指在销售跟进过程中，客户在与销售人员或企业互动中传递的各种有效信息，包括客户的行为、态度、观点和需求等，对销售进程有促进或阻碍作用。通过客户信号，销售人员能更好地了解客户需求和意愿，从而进行更有效的销售和服务。

客户信号可以是积极的，表明客户有购买意愿和对产品或服务感兴趣；也可以是消极的，表明客户可能存在疑虑、不满或对竞争对手的产品更感兴趣等。

这里值得一提的是"有效信息"这一定义，在销售人员与客户的互动中，包含着大量的信息，但绝大部分信息都不一定对交易本身产生直接的作用，如客户提及自己的出生月份，这也是一个信息，它不反映客户对交易的积极或消极的态度，也不构成对交易的影响，因此这是一条无效的、冗余的信息。

2. 客户信号的分类

在销售跟进的整个过程中，客户信号体量庞大。想要管理好客户信号，销售人员首先需要根据不同的客户旅程阶段和客户信号的特点对客户信号进行分类。

根据客户信号对销售进程的影响，客户信号可以分为三类：积极信号、消极信号和中性（潜在）信号。

（1）积极信号。它是指客户发出的表示满意或高度认可的信号，如赞扬、推荐、购买、回购等。这些信号可以视为客户的积极反馈，通常预示着客户对企业或产品的忠诚度较高。积极信号通常预示着积极的销售表现，反映了销售进程的顺利推进。

（2）消极信号。它是指客户发出的对企业或产品不满意的信号，如投诉、退货、负面评价等。这些信号可以视为客户的消极反馈，通常需要企业及时处理，以避免影响客户关系，反映了销售进程受到阻碍。

（3）中性（潜在）信号。它是指客户发出的既不明显积极也不明显消极的信号，如浏览产品信息、访问企业网站、询问售后服务等。这些信号可以视为客户的中性反馈，通常需要企业进行进一步观察和分析，以获取更多的信息并提高客户的忠诚度。中性信号不确定销售进程是否在推进。

综上，客户信号对销售进程有促进或阻碍作用。中性信号在销售过程中扮演着重要角色，基于现阶段所掌握的信息，我们还无法确定这些信号是否会产生积极的影响，需要正确判断与应对。这些信息不应被视为无效信息。客户旅程指的是一个客户从初次接触某个企业的营销触点开始，直到成为其客户并享受其服务、与企业进行互动的全过程。客户旅程是营销领域重点研究的经典课题，一些理论称之为客户体验路径。在客户运营中，与此有关的理论随着市场营销理论与实践的发展，演化出了不同的模型。

（1）第一代模型：AIDA。AIDA 模型由美国营销专家埃尔莫尔·韦尔斯（Elmore Wells）于 1898 年创建，其内涵如表 7-2 所示。

表 7-2　AIDA 模型

步骤	描述
Attention（引起注意）	吸引目标受众的注意力，通过有吸引力的广告、标题、图像等方式引起他们的关注，使他们对产品或服务产生兴趣
Interest（激发兴趣）	引起目标受众的兴趣，使他们进一步了解产品或服务的优势和特点，从而产生好感和购买欲望
Desire（产生欲望）	使目标受众产生强烈的购买欲望，通过突出产品或服务的独特卖点、优势和特点，让他们意识到自己需要这个产品或服务，并且这个产品或服务可以满足他们的需求
Action（促成行动）	激励目标受众采取行动，如购买、注册、预订等，通过优惠促销、限时优惠等方式鼓励他们采取行动，最终完成交易并成为品牌的忠实客户

（2）第二代模型：4A。凯洛格商学院的教授德瑞克·洛克（Derek Rucker）提出了 4A 模型（见表 7-3），将客户在评估品牌时的考虑过程区分成 4A。4A 模型更注重客户购买之后的行为，并将"复购"视为评判客户忠诚度的重要指标。

表 7-3　4A 模型

步骤	描述
Awareness（认知）	引起目标受众的注意和兴趣，使他们了解产品或服务的特点和优势
Attitude（态度）	在目标受众中建立良好的情感和态度，让他们对产品或服务产生兴趣和好感，并愿意深入了解
Act（行动）	增强目标受众的购买意愿和欲望，激发他们对产品或服务的渴望和需求，并引导他们采取行动，购买产品或服务
Act Again（再次行动）	在客户体验满意的基础上，维护好客户关系，促进客户再次购买和推荐产品或服务，形成品牌忠诚度和口碑

（3）第三代模型：5A，具体如表 7-4 所示。

表 7-4　5A 模型

步骤	描述
Awareness（认知）	使目标受众了解产品或服务，认识到自己对此感兴趣
Appeal（诉求）	按照目标受众的需求和欲望，呈现产品或服务的特点和优势，引起他们的兴趣和好感
Ask（询问）	通过与目标受众的沟通和互动，了解他们的需求和意见，为满足他们的需求提供更好的服务
Act（行动）	针对目标受众的需求和欲望，提供满足他们需求的产品或服务，并引导他们采取行动，完成购买或使用
Advocate（倡导）	在客户体验满意的基础上，激发客户推荐和分享的欲望，扩大品牌影响力，提升品牌口碑

　　菲利普·科特勒（Philip Kotler）将德瑞克的 4A 模型升级为 5A 模型，成为当前主流的分析客户旅程理论模型之一。5A 模型也是对 2B 和 2C 两种业务形式更有概括力的一种客户旅程理论模型。

　　（4）AARRR 模型。其内涵如表 7-5 所示。

表 7-5　AARRR 模型

阶段	描述
Acquisition（获取）	吸引目标受众并促使他们访问网站或购买产品
Activation（激活）	提供刺激受众进行第一次交互的体验，以使其对产品或服务产生兴趣
Retention（保留）	通过提供沉浸式的体验等方式，留住已经成为忠实受众的客户
Revenue（收入）	利用多种方式，如广告、付费功能等，实现盈利
Referral（推荐）	利用现有受众的积极推荐来扩大受众群体范围

　　AARRR 模型又被称为海盗模型，是戴夫·麦克卢尔（Dave McClure）提出的客户旅程理论模型。这五个字母分别对应用户生命周期中的五个重要环节。需要注意的是，海盗模型并不是一种线性模型，每个阶段也不是独立的，因为每个阶段都会对其他阶段产生影响，因此该模型应该被视为一个完整的生命周

期模型。该模型广泛应用于互联网产品中，每个环节都有对应的指标。企业可以在客户生命周期内跟踪客户行为，以促进产品销售，简化产品管理。

除了客户旅程理论模型外，还有从销售视角整理的模型，如企业销售常用的商机进程。商机进程是指在企业销售过程中，将潜在客户转化成为成交客户的一系列流程和阶段。商机进程通常经历以下几个阶段，如图 7-1 所示。

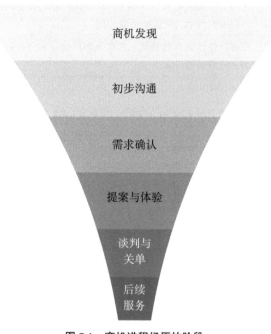

图 7-1　商机进程经历的阶段

（1）商机发现。这是商机进程的起点，企业需要通过各种途径寻找潜在客户，如营销活动、广告宣传、客户推荐等。

（2）初步沟通。一旦找到潜在商机，企业就需要与客户建立联系并进行沟通，以了解客户需求并提供相应的解决方案。

（3）需求确认。在了解了客户需求后，企业需要确认客户的需求，以确保提供的解决方案符合客户期望。

（4）提案与体验。企业需要根据客户需求提供相应的方案，以展示企业的能力和优势，并帮助客户做出决策。

（5）谈判与关单。企业需要与客户谈判，讨论合同细节、价格、付款条件等，最终完成交易。

（6）后续服务。完成交易后，企业需要为客户提供后续的服务和支持，以维护客户关系并挖掘未来的商业机会。

客户旅程主要关注从客户视角出发的体验，商机进程则侧重于销售视角。鉴于本章探讨销售跟进的思维与方法，我们将以商机进程作为主要的讨论框架进行探讨。我们将结合之前提到的客户旅程模型（顾客体验模型）：针对消费者行为研究的科特勒 5A 模型、可跟踪用户生命周期 AARRR 模型和商机进程阶段模型，构建了一个新的分析架构。

由于这三个模型分别从客户视角、客户生命周期视角和销售视角提供信息，它们的综合应用能够有效区分客户旅程的不同阶段。通过分析每个阶段所对应的客户信号，我们能够更清晰地梳理这些信号，并更精准地定位、追踪、判断和处理它们。客户信号理论阶段如图 7-2 所示。

图 7-2　客户信号理论阶段

那么如何确定信号是积极信号、消极信号还是中性（潜在）信号呢？答案是通过客户的行为表现来判断。

（1）积极信号表现。客户信号的积极表现即对商机进程有促进作用的行为表现。由于客户传达的信息在不同的商机跟进阶段对商机的影响不同，因此要按照商机阶段来捕捉和解读客户信号。这里的积极信号表现也要与商机阶段联系起来，换句话说就是在一定的商机阶段中，客户做出的有助于推动商机进程的行为表现。

（2）消极信号表现。消极信号表现即客户做出的阻碍商机进程推进的行为表现。

（3）中性（潜在）信号表现。我们无法确定部分客户行为表现带来的影响是积极的还是消极的，这种行为表现称为中性（潜在）信号表现。这类信号表现最常见，需要销售人员做出专业的判断和处理，对其进行有效监测。中性信号发出时没有表现出明确的积极或消极意义，忽视或错误应对都极有可能为顺利推进销售埋下隐患，此类信号的具体表现有滞后性，需要尽早进行科学的监控和管理。

根据不同信号表现的定义，以及客户旅程和商机进程模型的分析，我们可以确定各阶段的客户信号的积极表现、消极表现和中性表现。客户信号理论阶段细化如图 7-3 所示。

信号表现划分的基本界线为客户是否达到了当前流程的各项要求，以及是否表现出进入商机流程下一阶段的意愿。

3. 常见的客户信号

积极信号意味着商机能够更好地推进，消极信号则表示商机受到了阻碍，中性信号则无法在发生当时确定其积极与否。

积极的客户信号包括但不限于如下内容。

（1）频繁询问产品／服务的细节和特点。

（2）愿意提供关键的信息或者介绍其他潜在客户。

（3）同意与销售人员进一步沟通或安排会议时间。

（4）谈论关于价值和效益的问题，如"这会给我们带来更多的效益吗"。

（5）要求提供更多的资料和案例，以更好地了解企业和产品／服务。

消费者行为研究的科特勒 5A 模型	认知（Awareness）	诉求（Appeal）	询问（Ask）		行动（Act）	倡导（Advocate）
客户生命周期 AARRR 模型		获取（Acquisition）	激活（Activation）	保留（Retention）	收入（Revenue）	推荐（Referral）
商机进程阶段模型	商机发现	初步沟通	需求确认	提案与体验	谈判与关单	后续服务
积极信号表现	客户有认知，并表现出沟通意愿	与客户沟通顺利，客户乐于表达需求	需求内容翔实且匹配度高，并乐于体验产品或方案	产品体验配合度、满意度高，并愿意进入购买谈判阶段	谈判顺利，购买量大、周期长等	合作程度加深，并愿意推荐背书
消极信号表现	客户认知低，并表现出拒绝沟通意愿	与客户沟通不畅，客户拒绝表达需求	需求内容不明确，拒绝体验产品或方案	产品体验配合度低，满意度低，不愿进入谈判阶段	谈判不顺利，无法关单或购买量极少	合作程度变低，逐渐停用产品，总体满意度低
中性信号表现	不确定客户有认知，以及沟通意愿	与客户沟通一般，客户对于需求的表达不明确	需求内容挖掘不完整，未明确表达产品与方案意愿	产品体验满意度无法预知，同时无法确认客户的购买意愿	不确定购买满意度	无法确认未来合作意愿

图 7-3　客户信号理论阶段细化

消极的客户信号包括但不限于如下内容。

（1）缺乏回应或迟缓地回应。客户在交流中缺乏回应或回应迟缓可能表明他们对销售人员或产品或服务不感兴趣或者不满意。

（2）问重复的问题或不断提出新的问题。客户可能会反复问一些相同的问题或不断提出新问题，这可能表明他们对销售人员提供的信息不信任或不满意。

（3）拖延回复或决策。客户在决策时拖延回复或时间可能表明他们对销售人员或产品或服务存在疑虑或不满意。

（4）避免面对面交流。客户可能会避免与销售人员进行面对面的交流，这表明他们对产品或服务不感兴趣或者不信任销售人员。

（5）多次更改需求或规格。客户可能会不断更改需求或规格，这可能表明他们不信任销售人员或对产品或服务不满意。

在销售人员与客户的沟通中，除了明确的积极信号和消极信号，其他客户信号都可以划分为中性信号。随着销售人员经验的累积，有些中性信号可以更明确地划分为积极信号或消极信号。

常见的一些中性的客户信号如下。

（1）客户提出一般性问题或者询问，没有表现出强烈的兴趣或者意愿购买。

（2）客户表现出礼貌或者业务合作的可能性，但没有直接暗示是否有购买的意愿。

（3）客户对产品或服务的介绍和演示保持中立，没有给出正面或者负面的评价。

（4）客户询问关于企业、产品或服务的一些基础信息，但并没有进一步追问或者表现出具体的购买意向。

（5）客户因其他事情更改了约见的时间。

（6）客户更新了需求，对原本的需求进行更多的描述。

（7）客户提及竞品，并询问比较。

中性的客户信号在销售跟进过程中是广泛存在的。中性信号相较于积极信号或消极信号更难以识别，需要更多的数据和分析经验进行评估，因为它很可能是一个冗余信息。

例如，一个拥有超过 15 年 SaaS 销售经验的资深销售经理告诉我，客户提及竞品有时候是好事，有时候是坏事，这是一个非常明显的信号，它的出现几乎 100% 表明订单有进展。但更多时候，销售人员无法确定它是一个积极信号还是消极信号。

这位销售经理说，若在接触初期客户就提及了竞品，意味着他对这类产品已经有所了解，甚至对产品的很多功能已做过功课。相较于其他商机，这类客户的需求更明确，这或许是一个积极的信号。但是这也可能说明客户已经与竞品建立了联系，并明确了需求。如果销售人员处理不当，客户就不愿意进行下一步沟通。

竞品提及这一客户信号除了在同一商机进程中无法被明确为积极信号还是消极信号以外，在不同阶段，这一信号的倾向性也有区别。根据这位销售经理的经验，在产品讲解阶段，客户频繁提及竞品，可能表明客户不满意当前的产品或服务。在谈判与关单阶段，频繁提及竞品更像一种议价行为，表明客户已经有价格谈判的意愿。因此，对客户信号的理解必须基于准确的商机阶段的判断。

总之，客户提及竞品是一个中性信号，十分重要，企业要慎重对待。中性信号更考验销售人员的反应，销售人员对中性信号的反馈与回应直接影响客户对企业和产品的看法，从而影响商机的走向。

4. 信号的关联性

中性信号的分析和判断需要即时、全面的监控。例如，"客户更新了需求"是一个中性信号，可能意味着客户对欲购买的产品或服务有了更具体和深刻的了解，根据自身业务的具体情况，更新了需求描述。但如果更改需求的次数变多，就成为一种消极信号，意味着商机进程不顺利。因此，信号的频率也能够对商机进程产生影响。

除了信号频率对商机进程的影响外，对每个中性信号的把控和应对也是影响商机进程的重要因素。例如，客户提及竞品是一个中性信号。但如果不能很好地应对，极易导致客户的兴趣转向竞品，引发商机的全面失败。

整合分析不同信号还可以获得更全面、实用的信息。例如，经常出现的客户提问问题可以帮助企业更具体地描述客户画像并标记客户，通过对高频问题的探索，企业可以高效地找到大部分商机的卡点，编辑优化有针对性的沟通技巧。通过客户对竞品的了解和反馈，可以准确定位企业产品在市场中的知名度、认可度和具体的优劣势。

信号分析需要基于全面的维度，包括信号频率和演变关系，综合分析以便正确应对和管理信号。

7.2　客户信号的采集与分析

客户信号以一种可衡量的形式展示了销售过程中客户的表现。客户信号的采集和分析工作极为复杂，超出了人工处理的能力范围，而数智化技术为此提供了工具和方法。

随着网络销售、电话销售、远程销售等新型销售方式的兴起，客户的声音可以被相应的系统工具保存下来。得益于自然语言理解技术和人工智能的进步，对客户信号的分析和处理变得快速而准确。

7.2.1 什么是客户声音数据

客户声音数据指的是在企业与客户交互过程中，客户的反馈、评论、投诉、建议等语音数据，包括客户在电话、社交媒体、在线聊天、视频会议等通信渠道中的沟通记录。

客户声音数据为企业提供了重要的信息和见解，使企业可以更好地了解客户需求，提供更好的服务，这对于实现销售增长具有重要意义。

7.2.2 客户声音数据的主流管理方法

随着计算机技术和互联网的发展，客户关系对于企业业务增长和发展的重要性凸显。然而，由于缺乏高效的客户数据管理系统，很多企业难以实现全面管理和优化客户关系。客户管理工具应运而生，现在广为人知的 CRM 便是其中的代表，它逐渐成为企业管理客户关系的关键工具。20 世纪 90 年代，一些企业开始开发自己的 CRM 软件，但这些软件通常只能在单个部门内部使用，无法实现企业范围内的客户数据共享和协同管理。随着科技的进步和客户需求的不断变化，CRM 开始向云端迁移。2000 年，Salesforce 推出其首个 SaaS 产品，成为第一个基于云计算的 CRM 软件。

除了 CRM 之外，当前市场上主流的客户关系管理工具如下。

（1）企业资源计划（Enterprise Resource Planning，ERP）系统。ERP 系统是一种综合性的企业管理软件，可以帮助企业管理业务流程、财务、人力资源、供应链等多个方面。

（2）营销自动化（Marketing Automation，MA）工具。营销自动化工具是一种集成了多个营销功能的软件平台，包括邮件营销、社交媒体营销、广告管理等。

（3）社会化客户关系管理（Social Customer Relationship Management，SCRM）系统。社会化客户关系管理系统是一种专门用于管理企业与客户之间在社交媒体上互动的软件系统。

（4）销售会话智能平台。这是一种基于人工智能技术的销售工具，旨在提高销售人员的工作效率和销售业绩。该平台利用自然语言处理、机器学习和深度学习等技术，自动分析和理解销售会话中的语音、文字和情感信息，提供智能化的建议和指导，帮助销售人员更好地与客户沟通和交流。

在客户声音数据采集阶段，我们将上述主流的客户关系管理工具按照采集内容、采集方式等维度进行简单的分析和比对，如表 7-6 所示。由于市场上的客户关系管理工具能力模块过于丰富，本节只对每个工具的核心能力进行梳理。

表 7-6　客户关系管理工具表

因素	CRM	MA	ERP	SCRM	销售会话智能平台
简介	客户关系管理系统	营销自动化工具	企业资源计划系统	社会化客户关系管理系统	以销售会话为数据核心的客户管理系统
功能	客户信息管理、销售流程管理等	邮件营销、社交媒体营销、广告管理等	企业管理、订单管理等	社交媒体监测、品牌声誉管理等	客户沟通会话分析，销售进程优化等
目标	提高客户满意度和销售效率等	提高营销效率、转化率等	提高企业效率、管理流程等	提高社交媒体互动、客户满意度等	提高销售人效和企业营收
数据来源	客户服务记录、其他系统	营销活动埋点、客户行为等	采购、库存、销售、财务等数据	社交媒体互动埋点、客户服务记录等	销售跟进过程会话记录、其他系统集成
数据处理	分析、预测、个性化营销等	自动化、跟踪、分析等	统计、分析、预测等	分析、监测、回应等	转录、分析、监测、洞察等
关键优势	客户信息管理、销售流程管理等	自动化、营销效率提高、转化率提高等	流程管理、企业效率提升等	社交媒体互动、客户关系维护等	客户沟通智能管理、销售流程优化等

（续表）

因素	CRM	MA	ERP	SCRM	销售会话智能平台
重点关注点	客户信息管理、客户互动、数据分析等	营销自动化、客户行为分析等	企业效率、流程管理等	社交媒体互动、客户满意度等	客户声音数据、销售行为分析管理

这些工具都是科技发展的产物，通过科技的力量对企业与客户的沟通数据、行为数据等进行收集，使企业能够更好地采集和管理客户声音数据，并根据对客户声音的洞察优化企业效率。

客户信号就隐藏在客户的声音之中，如何正确地进行客户信号的采集与分析呢？

7.2.3　信号采集与分析

采集客户信号需要做到完整、正确和持续地对采集信号这一动作进行调整和优化。确保信息的客观性及避免因人工筛选导致的遗漏或偏差是至关重要的。从数据中采集客户信号需要具备强大的语义理解能力，以及对业务的深度把握能力，只有这样才能准确判断该信号是否达到了对结果产生关键影响的标准，从而正确判断信号属性。然而，并非所有客户信号都值得被分析和管理。因此，根据与结果相关性高的原则，从众多分散的客户信号中找出对销售结果有关键影响的信号，才能找到销售链路中的关键节点。

企业应根据自身的实际情况，按照如下步骤进行客户信号采集与分析。

1. 制定关键信号模板

信号对销售进程具有重要的提示作用与影响。由于企业的产品与服务类型各不相同，企业的关键信号模型也应根据实际情况设定。这一环节是 DMSO 模型中的 S（Standard）环节，由于企业能够有效管理的信号在各个阶段是不一样的，且数量是有限的，因此企业需要根据适合的标准制定关键信号模板，以实现客户信号管理效率最大化。

关键信号模板可以根据业务 SOP 进行整理。大部分企业都有自己的销售 SOP，无须"无中生有"。通过销售 SOP，企业可以明确每个阶段商机进程的结果或里程碑，根据客户信号对结果或里程碑的影响，推导出积极信号、消极信号和中性信号，监测各个信号对阶段性目标和销售总目标的推动效果数据。

下面将根据某 B2B SaaS 企业的具体客户旅程，制定一套 B2B 企业通用信号模型。该企业以 SaaS 业务为主，客单价从 10 万元到百万元不等，其产品是面向销售群体的、基于人工智能技术开发的 SaaS 系统，具有一定的复杂性。该企业根据客户旅程梳理的标志性事件及对应的客户信号如表 7-7 和表 7-8 所示。

表 7-7　客户旅程阶段标志性事件

客户行为旅程	客户生命周期	商机进程阶段	标志性事件
认知（Awareness）	获取（Acquisition）	商机发现	CRM 建立商机
诉求（Appeal）	激活（Activation）	初步沟通	可行性报告产出
询问（Ask）	保留（Retention）	需求确认	客户数据输入
行动（Act）	收入（Revenue）	提案与体验	关键决策人购买意向明确
倡导（Advocate）	推荐（Referral）	谈判与关单	签约并收到款项
		后续服务	续约 / 增购

表 7-8　客户旅程阶段标志性事件对应的客户信号

阶段	标志性事件	客户积极信号	客户消极信号
商机发现	CRM 建立商机	频繁了解产品，主动联系寻求合作机会，咨询解决方案，频繁回复邮件 / 电话等	未回应邮件 / 电话，明确表示无意合作，拒绝参考资料，拒绝确认客户信息真实性

（续表）

阶段	标志性事件	客户积极信号	客户消极信号
初步沟通	可行性报告产出	愿意接受联络，咨询合作流程，认为产品基本符合需求	拖延回应时间，明确表示无意继续沟通，不满意合作条件等
需求确认	客户数据输入	沟通需求，提供其他相关人信息，提出产品体验需求	需求不明确，回答含糊等
提案与体验	关键决策人购买意向明确	同意配合产品体验，认可提案内容，对产品体验或提案提出建议或看法，认同产品价值，讨论产品购买或部署需求	对提案内容不满意，试用体验不佳，表示没有价值
谈判与关单	签约并收到款项	提出合作意向，并提出购买量，对价格无异议，确认具体交付方式	谈判时间长，对价格有异议，更改需求，明确表示不合作
后续服务	续约 / 增购	主动联系反馈意见，参与合作方案讨论，同意续约 / 增购	不回应邮件 / 电话，拒绝参与合作方案讨论等

在商机进程的任意阶段，没有明显积极或消极表现的客户信号都被称为中性信号。需要注意的是，不是所有中性信号都有价值，企业需要根据当前策略衡量投入产出比，以确定有价值的信号。我对该企业及相关行业销售流程进行了分析，整理了一些有价值的中性信号，下面是部分中性信号，仅供参考。

（1）商机发现：客户提供的信息暂不可查。在 2B 商业情境中，往往需要客户提供真实的姓名和企业名称来辨别客户真伪。客户提供的信息会由专门人员负责验证筛选。如果客户提供的信息一直不可查，销售人员也无法及时确认客户信息，我们可以将该信号定义为消极信号。

（2）初步沟通：竞品提及。在初步沟通阶段，客户提及竞品可能有多种原因。一种可能是客户在了解了同类产品之后进行咨询，表明他对产品的认知程度和需求程度较高。但也有一种可能是客户只想获取产品信息以快速比较，不愿详细阐述需求。因此，无法确定该阶段竞品提及的信号能否推动商机进程。

（3）需求确认：需要等待其他角色。商机进展到一定阶段，客户表示需要等待其他角色的采购意见，这是需求确认阶段常见的中性信号。这可能意味着客户愿意引荐更多相关人，给出更为准确、完整的需求，但也可能是客户不想做出承诺的说辞。因此，这个信号并不表示客户对产品或服务感兴趣或者不感兴趣。

（4）提案与体验：客户角色不在关键决策链上。客户不等于用户。客户指的是购买产品或服务的个人或组织，即支付费用并与企业建立商业关系的人或机构。在提案与体验阶段，销售人员直接沟通的角色并不一定是购买者或决策者，尽管这些角色也是客户整体的一部分，但相较于决策者而言，他们推动商机进展的能力较弱。因此，如果到了提案与体验阶段，销售人员所接触的对象并非关键决策者，那么他们应及时将关键决策者引入谈判，以推动谈判与关单的顺利进行。

在 B2B 销售中，客户是不同的角色组合，其中一些角色可能位于决策链的下游，如产品使用者，他们并不直接参与采购和决策。

假设一家企业需要购买一款新的 HR 软件系统，由采购部门负责此采购项目。采购部门需要收集各种 HR 软件系统的信息，包括功能、价格、性能等，并将这些信息提交给决策者（如企业管理层），同时也需要听取使用者的建议，但使用者可能并不直接拥有决策权。

类似的情况也发生在快消品领域。在超市中，孩子可能会被玩具吸引。然而，孩子通常没有购买能力和决策权，他需要获得父母的同意和支持才能购买。在这种情况下，导购需要同时考虑孩子和家长的需求与利益。他需要与孩子沟通，了解孩子的兴趣和需求，并帮助他们找到合适的产品，同时还要与父母沟通，向他们展示产品的特点和优势，以便他们能够认可产品。

（5）谈判与关单：延迟决策。在谈判与关单环节，延迟决策通常被视为一种中性信号。这是因为客户可能需要更多时间来考虑他们的选择，或者他们可能需要听取其他人的意见，或者对方案有所改进。在某些情况下，客户可能会有一些疑虑或担忧，因此需要更多时间做决定。

（6）后续服务：缺乏反馈意见。在后续服务阶段，客户没有反馈意见通常被视为一种中性信号。这可能意味着客户对产品或服务很满意，没有任何问题或疑虑，也可能是客户使用产品的频率和深度不够。

2. 采集与清洗客户信号

在制定好信号模板后，销售人员需要找到信号模板中的重点信号。提炼客户信号的核心是对客户的语言信息进行充分且准确的语义理解。提炼出的客户的每一个信号都要记录下来，以此完成客户信号采集工作。

本书介绍了如何从数据中提炼客户信号的方法，但并未详尽列出每一种客户信号。下面仍以上文提及的某 B2B SaaS 企业销售过程中常见的销售事件为例，演示客户信号提炼过程。

（1）初步沟通阶段。

以下是该企业的一次初步沟通的销售会话记录。

销售人员：您好，我是 ×× 企业销售代表，看到您有咨询过我们的产品，对吗？我们的产品适用于各种企业销售团队的管理，请问您的企业是否也有这样的需求呢？

客户：是的，我们在找这样的产品。

销售人员：那太好了，您可以跟我详细说一下您企业的规模吗？大概多少人使用，有什么具体的要求吗？

客户：我们需要一个电销通话管理工具，希望可以集成到我们已有的 CRM 和外呼中心系统里。

销售人员：我们的产品完全可以满足您的需求，您是否方便说一下您的具体需求，我们可以根据您的需求提供最佳的解决方案。

客户：我想要我们的电销人员在和客户打电话的时候，能够按照我们培训的要求来，不要出现不合规的情况，希望系统能实时监测。

销售人员：好的，我明白了您的需求，我们可以根据您的需求提供一个具体的解决方案，要不要先发一份类似的案例介绍给您看看？

客户：好的。

销售人员：好的，我会立即发送给您，您可以先仔细阅读一下，有什么问题或疑问随时联系我。

在这段会话中，客户阐述需求、索取资料、同意接收解决方案是三个重要的积极客户信号。这三个信号都展示出了对商机进入下一阶段的促进作用，即对进入需求确认阶段或提案与体验阶段的促进作用。其中，客户在两次阐述具体需求的时候，都没有表现出不耐烦等消极情绪，可以判断这一信号的积极强度是较高的。

（2）提案与体验阶段。

以下是该企业的一段提案与体验阶段的销售会话记录。

销售人员：您好，×× 先生，这是我们企业为您定制的产品，您可以先试用一下，然后给我们一些反馈意见，我们将根据您的反馈进行优化和改进。

客户：好的，我会尽快试用一下。

销售人员：非常感谢。如果您有任何问题或需要帮助，请随时与我们联系。

客户：好的。

（5天后）

销售人员：您好，×× 先生，我想了解一下您对我们产品的试用情况和反馈意见。

客户：嗯，产品还不错，但是我觉得有几个地方还需要改进。

销售人员：可以跟我详细说一下您的建议吗？

客户：首先，产品的操作界面有点复杂，我希望可以更加简单易懂一些；其次，有些功能还不够完善，如搜索功能需要改进。

销售人员：好的，我们将尽快解决这些问题，并提供更好的产品体验。如果您还有其他需要改进的地方，请随时告诉我们。

客户：好的，谢谢。

（7天后）

销售人员：您好，××先生，我们进行了一些改进和优化，您可以再试用一下，看看是否满意。

客户：好的，我会再试一下。

销售人员：非常感谢。如果您有任何问题或需要帮助，请随时与我们联系。

客户：好的，谢谢。

本段会话中的客户信号比较复杂。客户在 5 天的时间内使用了产品，并且提供了反馈意见，证明客户比较重视该产品，尝试意愿高，这显然是一个积极信号。

提出反馈意见，证明客户愿意沟通。反馈意见不是很不满意，证明客户仍然期待产品改变。这是一个中性信号，因为无法确认是否能向下一阶段——谈判与关单推进。这就需要销售人员正确处理该信号，在资源使用的合理范围内，分析需求，帮助产品部门优化产品体验，从而将中性信号转换成客户满意的积极信号，向商机进程的下一阶段推进。

（3）谈判与关单。

销售人员：您好，我是××企业的销售代表，之前我们为您提供的报价单和方案，您是否已经看过了？

客户：看过了，但我认为价格还是有点高。

销售人员：我能理解您的想法，但是我们的方案是经过深入分析和研究后制定的，同时我们也提供了优惠和折扣。能否了解一下您对报价单中哪些部分感觉不太满意？

客户：我看了一下，觉得其中一些配套服务和维护费用有些高。

销售人员：非常感谢您的反馈，我们可以针对这些部分进行调整，同时我们也可以根据您的实际需求提供更合适的解决方案。您还有其他方面的顾虑或者需求吗？

客户：目前暂时没有，我需要再考虑一下。

销售人员：好的，我非常理解您需要时间做出决策，如果您需要更多的信息或者有其他问题，欢迎随时联系我，谢谢。

在本段销售会话中，客户提出了价格异议，并且提出了相对具体的费用异议，这是一个中性信号，因为没有明确拒绝谈判与关单。没有其他顾虑和要求，表示需要时间考虑，是一个相对消极的信号，销售人员需要尽快明确客户产生顾虑的具体原因，以提供更符合客户需求的解决方案，或其他应对策略。

3. 用数据思维进行信号分析

数据分析能够揭示客户信号与成单结果之间的关系。通过数据可视化工具或者统计分析方法，我们可以深入了解客户信号与成单结果之间的关系，找出其中的相关性和规律。接下来，我们便可以构建合适的模型，如分类模型、回归模型等，以预测不同客户信号对成单结果的影响。此外，理解了客户信号与成单结果之间的相关性，有助于更好地实施信号管理，从而有效推进商机进程。

以上文中的企业客户信号模型为例，充分理解了客户语义后，我们对各阶段的竞品提及次数与最终成单结果和阶段性成单结果进行回归性分析，发现在该企业的销售过程中，竞品提及次数与最终成单结果的相关性较大。竞品提及次数与最终成单结果的关系如图 7-4 所示。

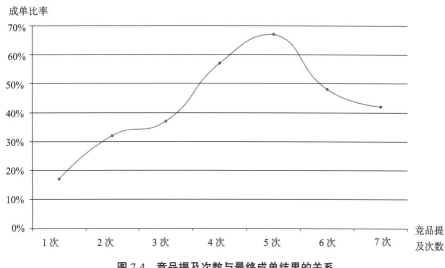

图 7-4　竞品提及次数与最终成单结果的关系

竞品提及次数与阶段性成单结果的关系如图 7-5 所示。

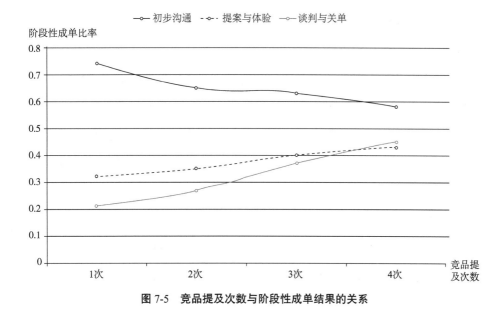

图 7-5　竞品提及次数与阶段性成单结果的关系

通过这两组数据分析结果，我们不难发现，客户信号不是一个恒定的因子。衡量和分析客户信号不应只关注其存在与否，还要关注客户信号的以下属性。

（1）信号强度。不同的信号可能有不同的强度，也就是说，客户提供的某些信号可能更能表达他们的需求或意图。信号强度可以辅助销售人员更好地理解客户需求的优先级。

（2）信号频率。信号频率是指某种信号出现的次数和持续时间。如果一个信号频繁出现，可能意味着客户对这个问题非常关注或者客户的倾向非常明显，销售人员应该根据频率调整解决方案。

（3）信号出现的时间和地点。信号出现的时间和地点也可以提供有价值的信息。例如，在关键决策阶段（如提案与谈判），客户可能会给出更明显的信号，这意味着销售人员需要更加关注客户的反馈并及时调整销售策略。

（4）信号的先后顺序。信号的先后顺序可以帮助销售人员理解客户的思维和需求演变过程。通过了解客户信号的先后顺序，销售人员可以更好地把握客户的心理变化，从而更好地进行跟进和制定销售策略。

4. 采集与分析的调优模型

数字革命让信息得以通过数字化的形式采集、存储、处理和传递，人类获取和使用信息并从中获益变得前所未有的简单。通过数据的流通，销售人员能够更高效地发现信息，从中找到客户释放的对商机进程有影响的信号。从数据到有价值的信息，到经过理解后的客户信号，这些变化是层层递进的。但并非所有客户信号都能被企业有效应对和管理。企业的资源、战略、团队和技术能力等因素制约了对信息的管理。因此，信号采集与分析必须围绕"重要信号"和"可管理信号"进行，这些信号是基于企业业务标准筛选和确定的。

图7-6是知识金字塔模型。基于这一模型，我们可以构建一个用于优化企业对客户信号采集与分析的框架。既然企业是动态发展的，那么所有的管理对

象也应该被不断优化。根据 DMSO 模型及数据分析的结果，企业可以进行不断调整与优化。本节将围绕关键信号模板和销售 SOP，阐述在数据思维指导下的优化方案。

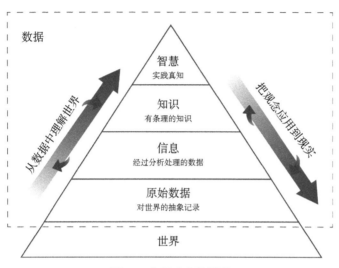

图 7-6　知识金字塔模型

企业需要从原始数据信息池中提取客户信号，并将其汇总在客户信号总池中。由于不是所有的客户信号都是关键的、可管理的，因此企业应根据不同的信号模型对初始客户信号总池中的信号进行筛选和提炼，被筛选和提炼的有用信号便转入可管理信号池。

这里我们将上述两类信号分为原始信号和关键信号。在后续的信号管理过程中，我们需要对关键信号定制销售 SOP，并持续监控其与商机推进的关系，以便及时调整和优化销售 SOP。同时，我们要监测原始信号对后续商机推进的影响，并将所有监测结果反馈给客户信号模板制作的环节，这有助于我们不断更新客户信号模板，确保企业能够以最佳的资源配比应对关键信号。客户信号总流程如图 7-7 所示。

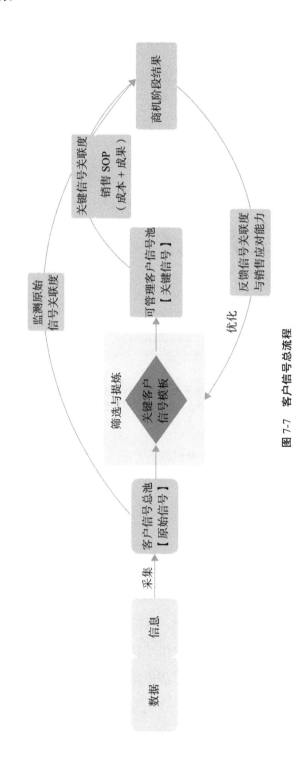

图 7-7 客户信号总流程

7.3　客户信号的管理方法

经验丰富的管理者倾向于依赖他们的经验的原因通常是获取有价值数据的成本过高。根据 7.2 节中介绍的方法，我们可以采集与分析重要数据——客户信号。在这种情况下，一线销售人员和销售团队管理者都应该采用数据思维来管理数据。此时，管理的重点已经从商机、事务、人才和团队转移到信号上，用数据支撑销售进程的管理，监测数据变化轨迹。

针对不同的客户信号，企业需要采用不同的管理方法。根据 DMSO 模型，企业应引入更多指标，建立完善的信号管理系统。

关键事件是被广泛运用于海外项目管理的重要概念。关键事件最初是指具有指定的、严重后果的事件，如涉及严重系统损坏、严重伤害或死亡的事件。作为一个概念和实践，关键事件管理工具已经在海外兴起。关键事件管理从业者认为，他们提供了经过深思熟虑的措施，以确保关键问题和危机得到及时响应。因此，他们大量借鉴了事件管理和响应、危机管理、业务连续性计划及应急方面的技术。

在本书中，关键事件指的是企业进行客户信号管理的重要节点，也是销售 SOP 和实际销售过程中的重要节点。这些节点与销售过程中的重要成果密切相关。关键事件作为一个指标可以被定位、衡量和分析。关键事件管理能够记录原始的流程并使其自动化。高效的关键事件管理可以自动触发一系列关键事件自动响应客户信号，更快地推进销售工作，并更全面地评估商机风险状况。这使得企业能够从被动的客户信号应对转变为主动的客户信号管理，从而加速商机进程。

下面是一些系统性信号管理方法。

7.3.1　激活积极信号

积极信号的管理办法有监测、准备、激活和加强。

1. 监测

在与客户交流的过程中，时刻留意并记录客户发出的积极信号，包括口头的和非口头的。监测信号的工作贯穿商机阶段始终，及时捕捉所有信号是管理所有信号的基础工作。

2. 准备

在商机推进的任何阶段，要做好达成阶段目标所需的准备工作。这包括准备相关的产品或服务信息，针对客户可能产生的疑问做好应对准备，以及进行每个阶段的前期调研，以更好地了解客户。

3. 激活

根据准备工作，在商机的不同阶段准确地执行准备的策略，以激活客户的积极信号，高效推进销售进程。

4. 加强

在积极信号出现之后，通过正确的跟进和维护，加强与客户的联系，促进客户对产品或服务的认知，提升客户忠诚度和满意度，从而实现各阶段销售目标。

7.3.2　转化消极信号

消极信号的管理办法有监测、预防、评估、处理、维护和放弃。

1. 监测

及时发现和识别客户的消极信号，收集相关信息，了解消极信号的产生背景和原因。

2. 预防

通过对客户的先行分析与了解，要尽早梳理客户需求和使用场景，规避潜在的问题和风险，避免出现消极信号。

3. 评估

对监测到的消极信号进行评估，根据信号的四个分析维度，分析信号的真实性和重要程度，并制定相应的解决方案。如果评估发现"挽救"该信号的成本过高、优先级过低，企业则应及时放弃该信号。

4. 处理

根据评估过程中制定的解决方案，采取不同的措施，包括协商、调解、补救等，最终目的是将消极信号转换为中性信号或积极信号。

5. 维护

当消极信号成功转换为中性信号时，要及时按照中性信号的处理办法进行跟进、维护和加强，避免同样的消极信号再次出现。

6. 放弃

除了在评估阶段经企业判断需要放弃处理的消极信号以外，其他经过多次处理仍然无法解决的消极信号，可以根据处理结果和客户反馈考虑放弃处理该信号，避免给企业带来更大损失，得不偿失。

7.3.3 处理中性信号

中性信号相较于积极信号和消极信号可能更加模糊，需要进行多次的监测和评估，以便更好地将其转换为积极信号。中性信号的管理办法有监测、评估、转换、监测反馈和优化。

1. 监测

在与客户交流的过程中，留意并记录中性信号，通过充分的数据，理解和分析其内容和背景。

2. 评估

由于中性信号对商机进程产生的作用不明显，需要多加评估，确定其是否存在潜在的商机或危机，并设计相应的应对策略，以开发、扩大商机或规避商机风险。

3. 转换

尝试将中性信号转化为积极信号。这一步通常需要进行更深入的沟通和理解客户需求，甚至需要进行预测。企业可以在团队内部制定相应的处理流程，确保中性信号向积极信号转变。

4. 监测反馈

执行针对中性信号的应对策略后，及时跟进客户反馈，了解他们的后续反应，确保中性信号向积极信号转变。

5. 优化

根据客户反馈，对中性信号的处理策略进行优化和改进，不断更新处理流程，以达到更好的商机推进和风险规避的效果。

信号管理模型如图 7-8 所示。

7.4 客户信号所映射的销售跟进质量指标

能够作为衡量销售跟进质量的指标有哪些呢？类比客户信号，客户信号是客户侧的关键信息，那么销售侧的关键事件则可以作为衡量销售跟进质量的重

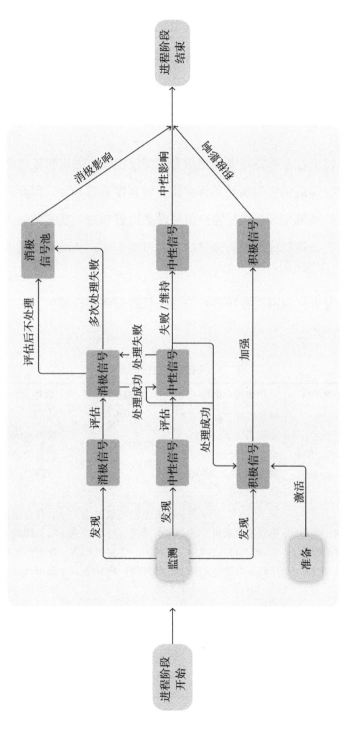

图 7-8　信号管理模型

131

要指标，即销售 SOP 和实际销售流程中能被监测的关键节点。使用销售侧的关键事件作为衡量指标可以解决销售过程中无法数据化的难题。

7.4.1　关键事件

上文已经讨论过，企业需要根据信号类型设定相应的应对策略，并根据不同策略使销售行为或销售沟通技巧标准化，即制作销售 SOP。因此，除了是否赢单这种简单的结果指标，根据客户信号设立销售 SOP，观察销售人员对销售 SOP 的完成情况，可以成为销售跟进的重要过程指标，从而更加精细地优化销售跟进过程。

同样，关键事件也可以参照客户信号模板的思路进行定制。关键事件通用模板如表 7-9 所示。

表 7-9　关键事件通用模板

阶段	标志性事件	理想客户信号	标准动作	销售 SOP 与关键事件
商机发现	CRM 建立商机	频繁了解产品，主动联系寻求合作机会，咨询解决方案，频繁回复邮件 / 电话等	外拓客户，确认线索真实性与基本可行性，创立商机，进入 CRM 系统	客户基础信息询问，产品简介，线索筛选与匹配，CRM 录入
初步沟通	可行性报告产出	愿意接受联络，咨询合作流程，认为产品基本符合需求	确认使用场景与客户基本意向，与客户建立联系，建立内部客户服务组，确认客户评级	自我介绍，产品使用场景问询，客户意向挖掘，引导客户决策链加入需求确认，内部客户组确认意见
需求确认	客户数据输入	沟通需求，提供其他相关人信息，提出产品体验需求	确认客户有需求，确认产品和服务与客户需求相吻合，客户有意向体验或测试产品	与使用者、采购者进行沟通确认需求，引导客户进行产品体验或下一步提案

阶段	标志性事件	理想客户信号	标准动作	销售 SOP 与关键事件
提案与体验	关键决策人购买意向明确	同意配合产品体验，认可提案内容，对产品体验或提案提出建议或看法，认同产品价值，讨论产品购买或部署需求	沟通试用方案及体验，客户愿意提供相关数据及配合系统接入，客户对于产品试用有初步设想，关键决策人认同产品价值，客户有明确购买意向	引导客户数据输入，提供解决方案提案，介绍产品价值和未来发展，介绍产品部署情况，确认采购方式与客户预算，问询采购量和合作周期
谈判与关单	签约并收到款项	提出合作意向，并提出购买量，对价格无异议，确认具体交付方式	商务谈判后确定合作	引导客户尽快签约
后续服务	续约／增购	主动联系反馈意见，参与合作方案讨论，同意续约／增购	客户成功续约／增购	每两周进行客户意见访问，实时更新客户需求

　　关键事件是销售跟进流程中的关键内容，是销售过程中销售侧触发的与业务结果关联性最大的事件。关键事件的颗粒度可大可小，企业需要根据管理情况调整。关键事件可以是开场白、产品介绍、促进客户讲述需求、促进客户进入下一阶段、减少客户异议、优化客户体验、了解客户体验反馈等。

　　企业确定了在其销售跟进过程中的不同阶段要执行哪些销售 SOP、销售 SOP 由哪些关键事件组成、各个关键事件的成功标准、是否成功激活积极信号、预防消极信号及转换中性信号的结果的标准后，就基本完成了信号管理的前期工作，即销售 SOP 的准备。

7.4.2 基于福格行为模型的进程管理

销售过程之所以难以管理，是因为它既是对事——跟进行为的管理，也是对人——销售人员的管理。此外，它既包括对内部业务与销售人员的管理，也涉及对外部因素——客户关系的维护。在设计科学可行的跟进过程管理模式方面，斯坦福大学福格博士提出的福格行为模型，为企业和销售团队管理者提供了一种值得借鉴的方法。

福格行为模型可以表示为 B=MAT，其中 B 代表行为（Behavior）；M 代表动机（Motivation），是产生行为的欲望；A 代表能力（Ability），是针对某个行为的实际执行能力；T 代表触发因素（Triggers），是触发行为的信号。当动机、能力和触发因素同时出现的时候，行为就会发生。

1. 客户信号 =MA

客户信号是客户释放的对商机进程产生影响的信息。M 代表客户的动机，即客户在购买过程中的内在驱动力，如需求、利益、认同等。A 代表客户的能力，即客户在购买过程中所具备的资源和能力，如时间、金钱、技能等。客户信号往往就是客户的动机（客户在沟通过程中对产品的感兴趣程度）和客户的能力的综合表现，包括客户场景匹配产品的能力和预算匹配产品的能力。销售人员无法通过直接询问来明确客户的意愿和购买能力，但可以通过客户信号，借助数据一次性识别出客户的动机和能力（M 和 A）。

2. 销售 SOP=T

根据福格行为模型，唤起行为需要 T，即触发因素。触发因素是促使客户采取行动的外部因素，如广告、促销、口碑、销售跟进等。企业希望客户产生的行为是购买行为，能够推动商机进程进入下一阶段的过程性行为。根据 B=MAT 的等式，可以推导出在每个具体的商机阶段，销售团队应该提供何种触发因素给客户。这样企业就可以明确制定每个阶段的销售 SOP。

3. T 是可以分解的

管理信号的销售 SOP 通常是标准执行过程，而过程是由一系列关键事件组成的。例如，福格行为模型中的 T 可以被分解为不同的关键事件，如执行动作的时间、位置和情境。通过分析和理解这些因素，可以更好地设计和优化触发器，以更有效地促使特定行为发生。

客户在初次接触新类型的产品时往往持保守的态度。为了激发客户的购买行为，商家可以采取在客户经常出现的地方投放广告的策略，不断提升客户对新产品的认知与接受度。通过持续的广告宣传，能有效促成客户的购买行为。

企业在进行信号管理的过程中，应将触发器分解至不同的关键事件，包括发布介绍产品文章到目标客户可以接触到的渠道；提升品牌口碑，通过口碑营销吸引新客户。

触发的行为是可以被分解的。无论企业制定的触发器的颗粒度是大是小，其中任何可以被衡量的关键节点都统称为关键事件，并作为 DMSO 模型中的关键指标。通过衡量与管理关键事件，销售侧的工作就可以被分解与量化。这就是基于数据思维管理销售进程的理念体现。

4. T 调优模型

根据 DMSO 模型，企业需要为分解出的可量化指标设定衡量标准并持续调优，通常包括以下几个调优因素。

（1）关键事件模板优化与标准优化。关键事件模板优化应当考虑以下两个方面的内容。

①根据当前管理的信号选择进行调优。企业能够管理的信号和有价值的信号是有限的，企业需要不断选择"性价比"高的信号。因此，客户的关键信号模板需要不断调优更新，与之相对应的触发策略也应及时更新迭代。

②销售 SOP 策略选择。销售 SOP 策略需要根据市场和客户需求的变化不

断调整与改进。在数据思维的指导下，企业应关注销售 SOP 与结果的关联程度，及时对过时、不适用的销售 SOP 策略进行调整。销售人员也需要根据自身特点和风格调整 SOP 策略，以更好地适应客户和市场的需求。

关键事件的衡量标准应根据关键事件与结果相关性的变化进行相应的调整和优化。例如，在淡季时，商机发现的 SOP 标准分数相对较低，而在旺季时，商机较多且质量较高，此时商机发现的 SOP 各步骤的标准分数就应该相应调高。

（2）结合企业战略。企业的战略不能只停留在理论层面，而应该与企业的整体业务目标紧密结合。在此基础上，企业对客户的期待和希望客户产生的行为是有所侧重的。当企业的战略重点是占领市场时，销售团队的目标应该是在维护现有客户的同时积极拓展新客户。当企业的战略重点是业务收缩时，销售团队的目标可能是有选择性地终止部分客户服务。因此，企业应结合战略方向适时调整销售目标与销售 SOP。

7.4.3　企业销售数据驱动增长实战

理论与实践之间缺失的重要一环是"实况"。要跨越从理论到实践的鸿沟，企业和销售团队管理者首先需要清晰、全面地了解和掌握销售过程与销售团队的实际情况，然后结合理论进行精细化的管理和提升。根据 DMSO 模型，企业的销售活动应该按照以下四个步骤进行。

1. 找到关键指标，追踪客户信号，打开销售跟进"黑盒"

"过程看不见，做什么都是'瞎'忙。"销售跟进过程本身是一个"黑盒"。销售人员对一个潜在客户的跟进可能是非常散乱的，很多重要的信息、重要的客户信号，散落在语音通话、即时通信（Instant Message，IM）、视频会议甚至是线下会谈中。而一个销售人员每天可能同时跟进多个客户，一个销售团队一天可能产生数十条甚至上百条会话录音数据，仅依靠人力去回听录音、做标记、监测、评估、处理各种客户信号，对所有其他的跟进信息、客户行为进行梳理和分析，做过程管理，这个工作量是巨大的。

CRM 系统的出现旨在实现销售流程的透明化，但随着时间的推移，许多企业的 CRM 系统逐渐成为形式上的摆设，未发挥其核心功能。第一，CRM 上的信息和数据必须依靠销售人员在系统里手动输入，但销售人员往往不愿意主动填写。即使完成填写，在关键绩效指标（Key Performance Indicator，KPI）的压力下，一线销售人员填写的内容也可能不真实、不客观。第二，CRM 只记录了销售过程中发生了什么，以及结果是什么，无法从根本上回答为什么发生、为什么会是这样的结果，自然失去了很多重要的客户信号。不可否认的是，CRM 从线索、客户信息管理等方面，确实减少了销售人员繁杂的行政性事务，优化了管理，但对销售过程的核心——销售人员与客户的沟通方式和具体沟通的内容无法全面透视，更无法以数据驱动的思维，对客户信号进行管理。

基于 CRM 不实时、不真实、不全面的数据和销售人员的汇报文件与口头讲述，销售团队管理者无法客观地看出销售过程中存在的问题和提升空间。追踪客户信号，打开"黑盒"，实现跟进过程客户侧、销售侧的清晰可见，对销售人员的行为、能力和客户的反馈等实际情况进行记录和分析，是掌控销售过程和提高跟进效率的关键。

明确了销售流程、销售 SOP 与关键事件的关系后，就要将这些关键事件有序排列、组合，并将每一个关键节点的销售 SOP 总结归纳，形成整个企业的销售 SOP。SOP 将某个看起来更笼统的大任务，拆解成更明确、清晰，也更容易完成的一系列小任务，这能帮助销售人员更准确、规范地执行跟进工作。

图 7-9 是某企业 SOP 模板，仅供参考。

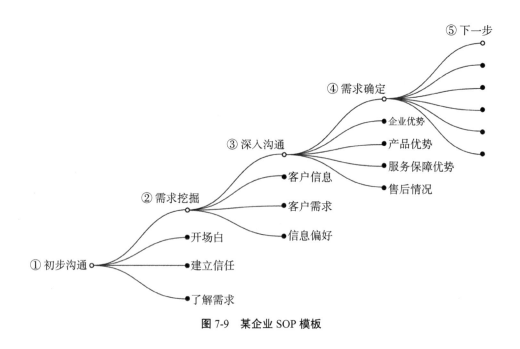

图 7-9　某企业 SOP 模板

SOP 是企业设定的一种理想的标准化跟进程序，在实际跟进过程中，由于主客观因素影响，不同销售人员触发和完成的关键节点会有所不同。但当企业定义了关键节点时，冗长的录音文件、会话文本被提炼、总结成数十个关键节点，原来庞大而模糊的"黑盒"被精炼为一个大致的"骨架"，方便销售人员和销售团队管理者对交易的过程有一个清晰的了解和把握。

2. 制定量化标准，做好关键事件的标准化

当企业制定规范的作业模板——SOP，并将大任务拆解成小任务——关键事件时，销售团队管理者将更容易对销售人员是否准确执行、完成 SOP 进行监测，一定程度上促进销售过程标准化。

将复杂无序的信息源拆分为有效标准的关键节点后，企业能够确保将这些标准落实到每一个关键节点上，并转化为一系列的标准化操作。通过对每个关键节点进行量化，企业引入了多重数据指标，这使得关键节点的量化变得更加精细、准确，从而更好地反映真实的销售跟进情况。这种标准化、可量化的关键节点为有效的分析与正确洞察奠定了数据基础。

以产品介绍为例，当"产品介绍"被设定为一个关键事件时，我们可以从要点完成、沟通态度、沟通技巧、客户反馈、下一步引导等维度衡量销售人员对这一关键事件的完成质量，如图 7-10 所示。

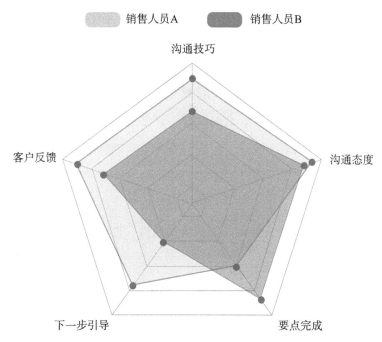

图 7-10　"产品介绍"关键事件完成情况

挖掘和分析会话数据，能明确沟通问题，如产品介绍不完善、需求挖掘不充分等，并反馈给销售人员和销售团队管理者，方便销售人员及时调整及管理者进行相应的培训和辅导。企业要为每个跟进动作匹配与成功相对应的指标，量化销售人员跟进的行为和各项能力，引入能力打分等机制，让销售行为可测、可量、可控。

因此，企业除了要监测客户侧的信号，还应该监测销售侧的 SOP 执行情况，量化执行质量。

其实，"SOP""标准化关键事件""量化"不是新词汇，很多企业都采取了一定措施对销售过程进行拆解和衡量。但当商机和人员达到一定规模时，海量的关键事件产生，要实现理想中的每条商机、每个跟进动作可测、可量、可控，仍然是一项十分艰巨的任务。很多时候，管理者只能通过抽检 SOP 进行管理，达到片面和局部的效果，不能实现全员、全面的检查和掌控。

3. 执行与优化，用关键事件衡量策略代替经验判断

经验是一个好东西，但它经常犯错。销售是一个需要经验和实践的工种（如判断采购流程中某个决策者的意向），拥有丰富经验的销售人员的直觉往往是准确的。全盘基于经验和直觉，忽略必要的理性数据分析，则可能导致错误的行动。销售团队管理者过于依赖"经验—直觉"式的判断，可能会导致对销售实况的了解不彻底、理论不能完美适配现实问题。

客户信号的指标监测、正确拆分关键节点及标准化措施解决了管理者了解实况的问题。与此同时，为改善和规范基于"经验—直觉"的洞察，准确的分析手段必不可少。

丹尼尔·卡尼曼（Daniel Kahneman）在他的畅销著作《思考，快与慢》（*Thinking, Fast and Slow*）一书中指出，人的大脑是用一个双重系统来处理信息的：一边是较快、直觉式感受的方法，以既有的知识与情绪为基础；另一边则是较慢、较为深思熟虑的方式，用来进行理性的思辨与富有逻辑性的判断。销售人员和销售团队管理者在做出判断与决策的时候，这两套系统是彼此互动、同时运作的。

（1）有效利用基于实际情况的真实数据，动态调整跟进策略。关键事件的标准化，为信息的量化分析奠定了基础。分析关键事件的数据，除了帮助管理者掌握实际情况以外，还能提炼出有价值的洞察，帮助销售团队及时地调整客

户信号管理和跟进策略。

数据洞察早已广泛运用在众多领域。例如，体操运动员会通过 360° 拍摄找到自己的动作瑕疵，基于数据调整他们的训练、应战策略，找到提升能力和赢得比赛的突破点。销售也是如此，很多时候，成功的奥秘就藏在数据里。

（2）分析相关性，发现重要销售节点。数据可以揭示一些重要的相关性，如跟进周期和成交概率的相关性、关键事件和成单相关性等。销售团队管理者可以根据相关性分析，相应地将具体的行动策略和销售资源向相关性强的方面倾斜。

我的一个 To C 客户的销售部门在分析销售跟进周期天数和成单概率时发现，跟进周期越长，成单可能性越低，如图 7-11 所示。这个数据洞察就能从"跟进周期"这一维度给销售团队管理者带来提升成单率的思路：调整团队的跟进节奏，提升跟进效率，尽可能地缩短跟进周期。在跟踪、分析数据时，我们会发现有些东西和想象的不一样，这个时候，经验和直觉不再牢靠，数据才是我们制定策略、做出决策的最佳指导。

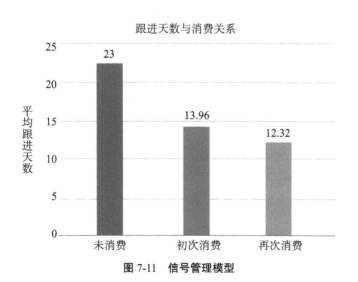

图 7-11　信号管理模型

（3）绘制立体客户画像，回捞高价值客户。除了客户信号的采集之外，通过收集客户在跟进过程中的各项行为数据，如通话时长、通话频率、地理位置等信息，形成一个更精确的客户画像，帮助销售人员判断客户购买产品的意愿及客户的可沟通性。企业也可以制定更精准、高效的跟进策略。例如，通过数据洞察发现遗漏的高价值客户，重新进行重点跟进。

（4）快速警示跟进风险，及时调整跟进动作。对于风险的预测，数据比人更理性、客观、迅捷。通过监测数据，比对成功达成交易的历史数据，销售人员和销售团队管理者可以发现销售跟进中可能存在的风险。建立数据标准，为相关关键节点设置"健康标准"，及时检测相关节点的数据，可以快速发现跟进风险，进行人工干预和调整。

例如，某条商机的跟进过程中，卡点、堵点出现的次数的"健康标准"为"<3"，当第4次卡点出现时，销售团队管理者需要及时复盘销售进程，发现问题，及时解决。

又比如，回复疑问的间隔时长的健康标准为24小时以内，间隔时长"不健康"时，销售人员要及时跟进，以确保销售顺利进行。及时进行风险预测，销售人员和销售团队管理者能尽早干预、调整跟进策略，将丢单的可能性尽可能降低。

（5）通过假设、回归、分析、验证，不断优化流程。数据分析能帮助销售团队发现新的思路、方式、SOP等。在将这些新策略付诸实践的过程中，我们还需要监测数据的变化，以便实时调整并完善这些策略。

为了验证新策略的有效性，我们采用了对比分析法。设置A、B组两个销售团队进行实验对照，其中A组采用了新策略，B组则没有。在实验过程中，我们确保了各项控制变量保持一致，包括团队人数、所在领域，以及团队过往的业绩表现。我们利用Excel表格、数据模型，以及其他更先进的数字化工具，对A、B组的销售表现进行了数据收集和分析，并对结果进行了回归和校验，以验证新策略的有效性。

例如，管理者发现某团队在邀约阶段成功率很高。他们推测这可能得益于该团队运用的高效沟通技巧。为了验证这一推测，管理者决定让新团队运用这套沟通技巧，同时收集并分析客户反馈，以验证该沟通技巧是否适用于不同的实际场景。用数据不断地测试和验证推测与新发现，形成数据流动的闭环。数据源源不断地产生，与销售团队当下的方法、策略、行动相结合，从而使销售跟进的流程不断地得到修正、优化。

很多企业已经认识到数据对于科学决策的重要意义，并进行了全方位的数据收集——包括文件、表格、拜访地点打卡、聊天截图、录音等。通过复杂的收集过程，大量、多来源、杂乱无章的数据集中到销售团队管理者手上，却没有实现理想的效果——他们往往无法很好地分析、利用数据，因此无法获得有价值的洞察，数据成了企业的"负资产"。

4. 将数据沉淀为方法论（DMSO），实现销售策略系统化管理

销售理论是由专业人士经过大量的调研，提炼总结出的系统性原则，但很难落实到实际的行动中。

一方面，销售理论的运用存在泛性问题。当前主流的销售理论体系大部分源自海外，由于国内外文化差异、销售的进化程度不同，因此适用度不同。为了深入挖掘销售场景的规律性，这些理论往往忽略了对偶发情况的分析，导致实操过程无法按照销售理论指导进行。

另一方面，不同的销售理论虽有重合，但各有其适用的最佳场景和侧重点，而现在企业销售面临的环境大多情况下并非单一场景，在不同的场景和销售环节中需要使用不同的理论、策略，这时企业会将不同的理论进行融合。每一个理论就像一个拼图碎片，企业需要提取正确的碎片，以正确的方式拼出完美的图案。但事与愿违，事实上，大多企业做不到这一点，甚至可能只是简单地进行暴力按压式的凑合拼凑，效果自然不尽如人意。

因此，企业需要将碎片完美融合成系统方法和实践策略的系统化指导能力。这一系统化指导能力需要对两个对象负责：一是指导具体的销售业务，二是培训销售人员。销售业务需要完善、切合实际、能够不断优化的模型，销售人员需要有针对性的、高效的个人成长培训方案。

5. 系统化聚合适用策略，沉淀企业级成功范式

"实践出真知"，企业的发展进程、面临的市场情况、业务问题不一样，企业应该在实战中总结、验证、沉淀自己的最佳实践和成功范式。收集、分析销售过程中的所有会话数据，企业将获得基于现状的有价值的洞察，但这些散乱的洞察不足以形成可以系统指导实践的方法论，需要企业和销售团队管理者有意识地把这些洞察聚合起来，沉淀出符合企业现状和业务特点的可复制、系统化的方法论，并在实践中反复验证其正确性，以指导未来的实践。

6. 制定一套符合企业的跟进 SOP

无论是销售管道、销售漏斗，还是 SPIN、MEDDIC 等，都没有提供一套适用于所有企业的跟进步骤。在实操层面，企业应结合理论和实际，根据自身业务特点制定具体的跟进步骤和 SOP。完整的销售跟进 SOP 应该是销售跟进的关键节点、节点行为指导、节点行为标准等有逻辑、可实现的信息集合。

话术库是企业销售跟进模板的重要组成部分。很多企业都会参考经典方法论，并结合自身业务，总结出自己专属的话术库。通常这会由团队中最优秀的销售人员和培训人员来编写。但这样做不仅成本高，且优秀话术的定义由人为主观判定，完善性与普适性无法保证。再者，无论在数量丰富度，还是更新及时性上，人工制作的话术模板都无法快速应对新的挑战。建立话术库的最好方法是，截取企业销售团队在跟进过程中真实发生的会话片段，并通过统一标准的完成程度，如引入客户信号指标、推进销售进程下一步的成功率，科学地挑选出最优话术。

7. 在实战中培训销售人员，设置个性化指导方案

把经典销售技巧、方法强塞给销售人员的时代已经过去了。按照 2.2.4 节的构建"培训—考核—监测—培训"闭环，在对销售人员进行个性化指导的同时，通过数据监测销售人员的学习成果，促进其能力持续提升。

8. 监测、考核、发现创新点

为了保证企业制定的整合策略的执行效果，企业必须有效监测理论的执行情况。

填写 CRM 系统信息、进行会议复盘是目前企业常用的监测手段。管理者需要尽可能了解销售人员的跟进情况，确保策略被高效执行，出现问题及时解决。

另外，SOP 不应该是一个一经制定便一成不变的僵化流程。有时候，好的 SOP 并不来自书本或者会议，而是来自销售实战中。例如，某销售人员的某个跟进动作并没有在企业的预设 SOP 中，却很好地推动了交易。企业和管理者要发现这些创新的优秀实践，提炼并通过数据分析发现其中的优点，思考是否要将其纳入原定的 SOP 中。

在实践中沉淀、进化的最佳实践、成功范式和培训方法符合企业的实际需要，而且是可推广、可复制的，但在传统方式下践行这一策略需要大量收集、分析数据，这对多数企业来说可能意味着更高的人力成本和时间成本。而且，基于样本而不是基于全量分析得出的最佳实践和方法论，会有一定程度的主观性和偏差。跨越理论和实践之间的鸿沟的方法如图 7-12 所示。

本章旨在从数据思维角度出发，解决销售跟进的困境。企业可以应用 DMSO 模型全面收集销售过程中产生的各类数据，尤其是会话数据，并从中确定可以量化的关键指标。本章主要介绍了两个关键指标：客户信号和关键事件。通过对指标进行正确的评估，并建立系统的评判标准，即可实现销售行为的进一步优化。

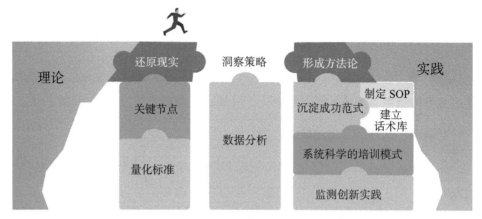

图 7-12　跨越理论和实践之间的鸿沟的方法

第三篇

销售复盘和部门协同

销售复盘是企业实现销售战略调优和团队能力提升的结构性方法。第 8 ~ 9 章将 DMSO 模型引入销售复盘，通过会话数据指标量化销售行为，准确快速回顾销售过程，并对销售行为与关键结果进行相关性分析，以不断优化销售行为，提高销售复盘效率。

另一个值得注意的问题是，实现销量增长并非只是销售部门的事情。企业的产品研究与开发、市场等部门同样发挥着重要作用。只有这些部门之间有效协同合作，才能取得更好的效果。按照数据驱动的思维，部门协同也可以根据 DMSO 模型设置工作模型和工作流。本书第 10 ~ 11 章将详细分析围绕增长所展开的工作流程。这包括引入统一指标和关键事件，以统一认知，设置各业务环节工作标准，提供优化思路。

第 8 章　认识销售复盘

复盘作为一种结构性的管理方法和学习机制，不仅能够帮助企业总结成功经验，并将之转化为显性能力，还能帮助企业反思问题并吸取教训，助力企业在追求创新和转型升级的过程中实现快速迭代与优化。

借助有效的销售复盘，企业可以解决两个根本性问题：一是将组织层面的销售方法论转化为销售人员的个人能力；二是将优秀销售人员的个人能力转化为销售团队的智慧，以提高团队整体的能力水平。

8.1　什么是销售复盘

"复盘"一词源自我国古代围棋，原指棋手在对弈结束后，重走一遍棋局，重演双方当时的心理活动和招数，找出双方攻守的漏洞和优劣得失，进而分析、研讨更好的棋法，以提升自己的棋力水平。"复盘"一词于 20 世纪末至 21 世纪初首次被引入国内企业的管理运营实践中。2006 年，联想集团在其文化作用机制报告中，将复盘明确定义为联想核心价值观的一部分。2011 年，联想集团将复盘方法论推广至其全球业务之中。

销售复盘，简单来说，就是将复盘的方法应用到销售管理中，定期对销售漏斗、交易跟进、团队能力等各方面情况进行回顾检查，分析利弊得失，总结经验教训，以探讨更好的销售方法，从而获得更佳的销售业绩。

8.1.1　销售复盘的作用

对于企业销售人员来说，复盘具有不可替代的重要价值。销售复盘能够帮助销售团队从过去的行为中快速学习和提升。通过销售复盘，销售团队可以把失败转化为财富，把一次成功转化为可复制的能力。

1.发现错误，及时调整

通过销售复盘，找出丢单、卡单、销售周期延长等偏离原定目标的原因，分析是哪些销售行为和动作造成了不理想的结果，分析原因来自内部还是外部客观因素。发现错误之后，销售人员需要制定解决方案，及时做出改变和调整，防止再次犯错，不在同一个地方跌倒第二次。

2.发现最佳实践，快速复制

做事的方式不在于多而在于优。对于同一项任务，一定存在一种最优的完成方法。我们不能每次做相同的事情都用不同的方法进行尝试，这种低效的随机行为是一个商业组织无法容忍的。销售复盘可以帮助销售团队在已经探索过的行为方式中找出执行每一个销售环节的最佳流程和方法，即最佳实践。把最佳实践固定下来，并将其复制给所有销售成员，既能帮助团队成长，又能提升团队效率。

3.发现新知识和新思路，抢占先机

员工能力的提升遵循"721法则"，即70%来自从工作中学习，20%来自向他人学习，10%来自正式的培训。工作场就是练兵场，复盘则是工作中学习

的重要方式。在复盘中发现新的信息，总结、思考做事情的方法。对于企业而言，复盘不仅可以提升销售人员能力，还可以帮助其发现新的机会，如开拓市场的新销售方法或客户透露的新的产品功能等。通过抢先发现这些新知识和新思路，企业便可以赢得先机。

8.1.2　销售复盘要注意什么

方法正确才能达到事半功倍的效果。销售复盘需要注意的事项如下。

1. 过多强调业绩结果而不关注销售过程

销售人员为成单结果负责，但复盘时不能只关注结果，而应将更多的时间放在销售流程上。流程是结果的基石，如果销售人员执行流程打了折扣，就很难得到较好的成果，但如果他们按照销冠赢单的流程执行，则会得到预期或超预期的结果。销售主管要识别出销售人员在流程执行上的缺陷并给予指导，让他们回到正确的路径上。例如，关注获得销售线索的数量、销售会议数量、追加销售率、交叉销售率、销售周期时长、销售成本等流程指标。

2. 要统一评估维度和评估标准

在进行销售复盘之前，管理者要做到心中有数，务必对"如何判断一个销售人员和销售团队的表现是好是坏"的问题有一个清晰的答案。这涉及销售人员的绩效评判指标及评判规则，以此公平、高效地衡量团队成员的表现，避免各说各话的混乱情况。销售部门可以制定一份复盘评估模板，并在入职培训期间将其分享给销售人员，使他们可以第一时间明确自己应该做好哪些事情、朝着哪个方向努力。

3. 要向销售人员询问反馈意见

除了评估团队的销售表现外，管理者还应该主动向销售人员征求反馈意见。

例如，可以询问他们是否同意某一判断／做法，是否需要帮助，是否有更好的方法、想法和建议，以及需要什么工具以提高效率。销售复盘会不是销售主管的"一言堂"，只有做到了充分表达、充分吸收，才能促使销售人员在未来心甘情愿地改善自己的销售行为。

4. 要设定目标和进步计划

销售复盘的目的是获得更好的销售结果。因此，在最后必须设定下一阶段的目标——希望销售人员在复盘结束后的一段时间内实现什么目标。这个目标在遵守 SMART 原则的基础上，必须得到团队成员认可和理解。另外，销售主管还需要制订销售人员的进步计划，帮助他们克服自己的短板，更好地发挥长处，以完成设定的目标。进步计划必须是具体可执行的行动方案。

8.2 销售复盘五阶段九步骤

销售复盘不能只关注结果，还要关注过程。复盘需要遵循正确的流程。

8.2.1 何为五阶段九步骤

现有的很多关于复盘的内容通常将复盘分为四个环节：回顾目标、评估结果、诊断分析和总结。然而，其中还缺少了一个关键环节——改进执行。本节将改进执行加入其中，将销售复盘分为五个阶段和九个步骤，具体如图 8-1 所示。

阶段一：回顾目标。

回顾当初设定的目标是什么。这个目标应该是一个明确的量化指标，如开拓 50 条新线索、完成 100 万元的销售额等。

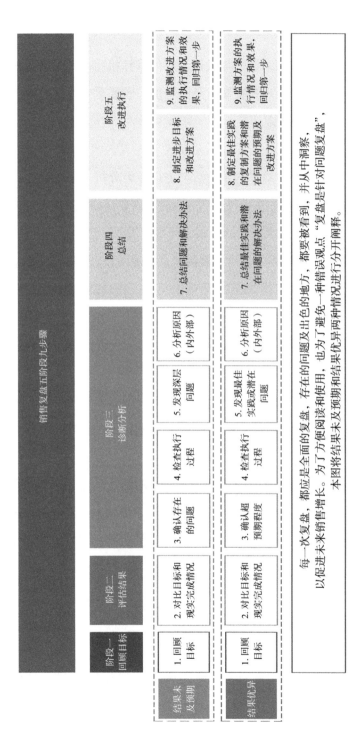

图 8-1　销售复盘五阶段九步骤

每一次复盘，都应是全面的复盘，存在的问题及突出的地方，都要被看到，并从中洞察，以促进未来销售增长。为了方便阅读和使用，也为了避免一种错误观点，"复盘是针对问题复盘"，本图将结果未及预期和结果优异两种情况进行分开阐释。

阶段二：评估结果。

评估实际取得的结果，了解与最初设定的目标相比，完成情况如何。在评估结果时，一定要保持客观和实事求是的态度，既要看到做得好的亮点，也要看到有待改进和提升的地方。

阶段三：诊断分析。

确认了上一阶段评估结果的结论后，进行原因分析。为什么会超额完成目标？为什么未能达到目标？在进行诊断分析时，需要详细检查执行过程，发现其中存在的深层次问题，并找出问题的根本原因。需要注意的是，不论结果好坏，在分析原因时都要区分客观因素和主观因素。客观因素无法改变，但主观因素是可以调整的。另外，即使目标完成结果超出预期，也不意味着执行过程完全没有问题。要注意识别那些尽管目前没有严重影响，但未来可能产生严重影响的因素，提前采取预防措施。同样，即使未能完成目标，也不代表整个销售过程没有亮点。

阶段四：总结。

对销售过程中的问题和亮点进行总结。针对问题和不足，提出解决方案并改正；对于亮点，提炼出最佳实践，并在整个团队范围内推广复制。

阶段五：改进执行。

销售复盘进行到总结阶段并不代表这轮复盘的结束。复盘是为了更好的进步，因此改进执行也是必不可少的一环。在这个环节，要将上一阶段的总结事项付诸实践，并检测执行情况，确保销售复盘的效果真正发挥出来。如果复盘只是一种形式上的工作，仅仅体现在文件的文字和数字上，那么它将失去其本质价值。

8.2.2　销售复盘闭环

复盘不是一次性的动作，而是一个循环递进的过程。在销售复盘的最后一步，我们制定了一个可行的下期目标及针对本次复盘发现的问题的改进方案。

对于下期目标和改进方案的执行完成情况，还要进行新一轮的复盘，如此形成一个销售复盘的闭环。借助这个闭环，销售团队可以持续提升销售能力，不断完善销售方法。销售复盘闭环如图 8-2 所示。

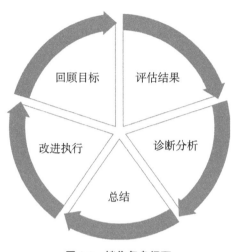

图 8-2　销售复盘闭环

8.3　销售复盘内容

我们已经了解了复盘的作用、注意事项及复盘的流程。那么，复盘的具体内容是什么呢？总体来说，销售复盘包括销售漏斗、销售团队能力、制定目标和改进方案三个方面的内容。

8.3.1　销售漏斗

销售漏斗是企业销售管理的有力工具，直观地展示了各个销售阶段的交易状态和统计数据。借助销售漏斗，管理者能够对各销售阶段转化率、商机的金额、数量和状态分布等多种销售指标进行分析与评估，以便及时调整跟进策略和资源分配。销售漏斗复盘是销售复盘中必不可少的一部分。

1. 关注基础数据的变化

在进行复盘时，我们需要关注销售漏斗每一阶段的数量变化。以"线索池—初步接洽—需求调研—解决方案—DEMO 演示—商务谈判 / 报价—成交—续约 / 增购"这样的销售漏斗为例（见图 8-3），我们需要汇总整理每个阶段在本次复盘周期内的存量和增量，并将其与上阶段数据和期初目标进行对比，计算相应的增长率或下降率及目标完成率。除此之外，还要关注上一阶段到下一阶段的转化率情况，以便全面了解本阶段的销售情况，如表 8-1 所示。

图 8-3　销售漏斗示例

表 8-1　销售漏斗及各阶段转化率统计

指标	本阶段数据	上阶段数据	增减率	期初目标	目标完成率
线索池					
初步接洽					

（续表）

指标	本阶段数据	上阶段数据	增减率	期初目标	目标完成率
第一阶段转化率					
需求调研					
第二阶段转化率					
解决方案					
第三阶段转化率					
DEMO 演示					
第四阶段转化率					
成交					
第五阶段转化率					
续约 / 增购					
销售收入					

2. 分析数据变化背后的原因

得到基础数据后，我们要特别关注目标完成率和增减率指标。若目标未能完成，则需要进一步追溯销售过程以寻找原因。在这种情况下，我们可以利用销售过程数据，如邀约电话数量、平均通话时长、平均销售周期、平均销售成本等，分析是哪个或哪些指标阻碍了目标的实现，如表 8-2 所示。我们不仅要探究不理想的结果的原因，同样也要分析超出预期的良好结果的原因。

表 8-2　销售过程数据示例

指标	本阶段数据	上阶段数据	增减率
约拜电话数量 / 邀约电话数量			
平均通话时长			
最长销售成交用时			
最短销售成交用时			
平均销售周期			
平均销售成本			

为了更方便理解，接下来我将用一个例子来说明。

在我调研的企业中有一家从事面部护肤品和美容服务销售的企业，2021年，其销售收入目标只完成了70%，这显然是一个糟糕的结果。在进行复盘时，该企业的销售团队要找出未能完成业绩的原因，这样才能够在下一年进行相应的调整。

他们仔细回顾了过去一年的销售过程，发现从获得线索到初步接洽、从初步接洽到需求调研这两个阶段的转化率明显下降了。然后，他们又了解了与第一阶段转化率高度相关的邀约电话数量，发现销售人员的邀约电话数量并未减少，反而还有一定幅度的增加，但平均通话时长显著降低。经过分析，他们发现这是因为消费者缩减了开销，从而降低了消费欲望。因此，潜在客户无法进一步转化。

这是一个外部客观原因。除此之外，有没有内部因素呢？2021年年初，该企业根据整体经济形势和行业发展情况，推出了更符合消费者购买能力和预期的新产品。销售部门据此制定了新的销售方法和SOP沟通技巧，并在全企业推行。经分析发现，新的销售方法和标准流程话术的执行率只有50%，这是影响销售目标达成的另一个因素。找到了问题的原因之后，销售部门开始制定解决方案和新一年度的销售目标。他们决定于2022年年初在全企业进行新的销售方法和SOP沟通技巧培训，并定期检查执行情况。

最终，该企业在2022年不仅实现了销售收入目标，而且达到了原定目标的150%。单看这个数据确实非常令人欣喜。但是作为管理者，我们需要站在全局的视角思考，不仅关注收入，更要关注成本。在超额达标的情况下，我们需要考察销售成本是否也随之不成比例地大幅上升？如果是的话，这与企业初期制定的战略是否一致呢？如果不是的话，当然是一个非常好的现象，这就需要进一步分析是哪些因素促成了这一积极结果，并探讨是否可以进一步强化这些因素。这些都是在销售复盘时需要注意的。

3. 检查跟进中的交易的"健康状态"

检查正在跟进中的交易的"健康状态"是另一个复盘的关键点，因为这些交易构成了下一阶段销售收入的主体。对于正在跟进的交易，需要重点关注当前客户的状态和跟进中遇到的关键问题。

对于销售人员来说，这是一个绝佳的机会。一方面，他们可以就当前自己跟进中的问题向其他销售人员请教，寻找解决办法，也可以向主管寻求指导；另一方面，解决了跟进中的问题，顺利推进成单，也有助于他们完成销售业绩。

对于管理者来说，这也是一个绝佳的机会。了解销售团队中每个成员跟进交易的情况，不仅能给出解决方案促进成单，还可以更加准确地评估交易成交的可能性，这为制定下一个阶段的销售目标和进行销售预测提供了有力支持。

8.3.2　销售团队能力

管理者不仅要专注于销售本身，也要重视销售人员的发展。只有清晰了解团队成员的能力，才能更好地激励他们成长并完成业绩目标。

企业应鼓励销售人员进行自我评估。对于销售团队管理者来说，这不仅是一个更好地了解销售人员的时机，而且通过评估，管理者可以了解销售人员对自己的角色、职责、成果与挑战的看法。这种视角与管理者的不同，有助于从多个角度全面而深入地认识团队成员，进而优化对销售团队的管理。

企业应当为销售人员提供一个标准化的销售复盘模板，该模板应包含一份统一的自我评估表。这份自我评估表需要详细记录评估期内销售目标的完成情况，并针对销售人员的软实力进行评价。

除了填写企业的自我评估表，销售人员还需要撰写一份复盘报告，具体要点如下。

（1）完成成果和团队贡献的具体事例。

（2）使用具体数字展示个人表现。

（3）解释为什么要这样 / 那样做。

（4）提供关于自我成长的看法和细节。

8.3.3　制定目标和改进方案

销售复盘的最后一步是制定下一阶段目标以及寻找问题解决方案和目标达成方法。

1. 制定下一阶段目标

实现团队建设和销售业绩目标需要个人与团队的共同努力。目标既包括团队为之努力和奋斗的部门共识，也包括每个销售人员的个人目标。目标可以促使销售人员更加投入地工作，激励他们提高生产力。同时，目标也是绩效考核标准，使考核更加规范、公平、公正。因此，在设定销售目标时，管理者需要慎重考虑。管理者可以根据 SMART 原则来设定有效的目标。

SMART 是五个英文单词的首字母缩写，1981 年 11 月由乔治·T. 多兰（George T. Doran）在《管理评论》杂志中提出。

（1）S（Specific，具体的），目标必须是具体的。越是具体的目标越有可能实现，具体可以包括谁来完成目标、需要达到什么结果、在哪里完成、何时完成及为何设定这个目标。

（2）M（Measurable，可衡量的），目标必须是可衡量的。在制定目标时需要确定一些衡量过程和进展的标准，可以是具体的数值（如完成 1 000 万元销售业绩）或者具体的行为和行动（如每个月拜访 15 位客户）。

（3）A（Attainable，可达到的），目标必须是可达到的。目标在付出努力的情况下是可以完成的，避免设定过低或过高的目标。

（4）R（Relevant，相关性），目标必须与其他目标有相关性。这一目标的实现有助于实现另一目标。例如，市场部设定每个月通过博客文章吸引来的线索要增长到 100 个，因为销售团队发现这种渠道的线索转化率是传统广告方式的 3 倍。

（5）T（Time-bound，有时限的），目标必须有明确的完成时限。目标必须有起始时间和完成时间，如果没有时间限制，销售人员就会缺乏紧迫感，从而降低他们实现目标的积极性。

在设定销售人员的目标时，除了遵循 SMART 原则，还应当确保这些目标与企业的整体目标保持一致，并充分考虑他们的个人职业抱负。

2. 寻找问题解决方案和目标达成方法

在销售团队的能力复盘环节，销售人员进行了自我评估及复盘汇报，管理者也对每一位销售人员进行了评估。在这个过程中，管理者可以发现每一位销售人员存在的问题和不足。但仅仅发现问题是不够的，解决问题才是最终目的。

在设定目标后，管理者还要为每一位销售人员提供解决问题的方案。针对团队普遍存在的问题，可以组织销售培训、提供辅导课程；对于个体化的问题，则需要提供有针对性的解决方法。

例如，销售人员麦麦非常擅长寻找和联系高质量的潜在客户，她工作非常努力，每天都发送大量触达短信和邮件。但她的关单率却很低，因为她总是给客户营造一种紧迫感。她不惜一切成本去销售，而不是识别潜在客户的真实需求，给他们提供合适的解决方案。因此，主管决定让本部门中一个关单率较高的资深销售人员指导麦麦，帮助她提高关单率。

复盘是组织和个人成长进步的结构化方法。销售复盘有"三要"：要统一评估维度和评估标准、要向销售人员询问反馈意见、要设定目标和改进计划；还有"三不要"：不要流于形式、不要只强调业绩而不关注过程、不要搞成批评会。

销售人员在复盘时只有遵循正确的流程，才能取得更好的效果。与其他将销售复盘分为四个阶段的理念不同，本章总结了销售复盘的五个阶段，分别是回顾目标、评估结果、诊断分析、总结和改进执行，并且认为这五个阶段是一个循环，推动着销售团队不断优化流程。

第 9 章

数据驱动型销售复盘

传统销售复盘过于依赖经验且效率低下，已无法满足企业快速增长的需求，数据驱动型销售复盘正在成为一种趋势。数据驱动型销售复盘利用数据来分析和评估销售过程中的关键点，能够提供更加准确的指导和建议，发现潜在的问题和机会，帮助企业做出正确的决策和行动。

9.1 销售复盘执行过程中的问题

销售复盘的价值和重要性毋庸置疑。大多数团队和企业都会认真进行销售复盘，然而，复盘效果并不如想象中的那么好。这是因为一些团队和企业没有意识到销售复盘执行过程中的问题，或者没有科学、合理的方案去解决这些问题。

9.1.1 效率低下、缺乏科学数据支撑

复盘效果不理想的原因体现在两个方面。一方面，缺乏有效的工具帮助销

售团队快速回顾销售过程并提供有价值的分析结果，导致复盘效率低下；另一方面，销售人员的自我评估及销售主管的评估和指导建议往往过于依赖个人经验，缺乏真实可信的数据支撑。

1. 销售人员的自我评估是否准确

对先前情况的回顾和分析是后续决策的重要依据。如果我们基于错误的理解或信息，就无法做出正确的决策。

销售人员的自我评估对于销售复盘至关重要，它不仅反映了他们对交易的认识和理解，也是销售主管制定目标、提供指导和建议时所依赖的依据。因此，管理者必须确保销售人员自我评估的准确性。但实际情况并非如此。销售人员可能会因为绩效奖金而夸大自己的成就，或者受限于自己的经验做出错误的评估。

假设企业推出了一套全新的销售标准流程和沟通技巧，要求销售人员执行。在完成销售任务后，销售人员需要对自己的执行情况进行评分。尽管有些人并未按照要求执行，但每个人在评估时都声称自己按照要求执行了。这种情况使得管理者无法准确判断新的销售 SOP 对销售业绩的影响，从而可能影响后续决策的正确性。

2. 成千上万条录音、视频是否要逐一回听和观看

原始数据可以提供最真实的情景重现。企业呼叫中心里的通话录音、ZOOM 和腾讯会议里的在线会议视频、电子邮件和企业微信里的通信记录等数据真实记录了销售人员与客户之间的沟通过程。为了进行最真实的评估并做出准确判断，管理者需要完整地回放这些录音和视频，仔细阅读邮件。但是整个企业成千上万条录音、视频和邮件，工作量之大令人咋舌。销售团队有足够的时间和精力来处理这些工作吗？

3. 基于经验的分析和反馈是否科学

在销售复盘的最后阶段，管理者需要根据每一位销售人员的自我评估和过去一段时间的具体表现对其做出评价，对销售人员和其销售过程中存在的问题进行分析，反馈指导建议。然而，这些分析和反馈都是基于经验的产物。首先，销售人员对自身的评估和分析是基于个人的经验，即他认为自己哪里做得好、哪里做得不好，以及跟进过程中存在哪些问题。其次，销售主管给出的评价和指导建议也是基于自己的经验，即他认为销售人员应该何如解决问题、改进不足。

但是，这种方式是科学、可靠的吗？完全基于经验的产物能够给未来带来好的结果吗？显然，答案是否定的。

一方面，销售人员自身经验可能不足，导致他们对自己的评估和判断并不准确；另一方面，销售主管的经验是基于自己以往的销售实践，然而市场一直在变化，过去的经验不一定仍适用于现在。此外，销售团队管理者的精力更多集中在管理方面，没有足够的时间和合适的工具快速掌握销售一线的情况，那么复盘发现的问题是否真的是关键核心问题呢？

9.1.2　CRM 和质检并不是完美解决方案

基于以上问题，我们需要寻找解决问题的方案。我们无法仅靠人力解决上述问题，不仅经济上不可行，而且无法解决经验依赖的问题。我们可以利用销售工具来解决这些问题。有两种比较常见且广泛使用的销售工具——CRM 和质检。

CRM 源于"以客户为中心"的新型商业模式，是一种旨在改善企业与客户关系的新型管理机制。通常情况下，CRM 指的是 CRM 系统软件。CRM 是企业重要的数据中心之一，记录着企业在整个市场营销与销售过程中和客户发生的各种交互行为的最终结果。例如，销售人员一天拜访几位客户、某次活动带来了多少销售线索、销售漏斗每一阶段的客户数量和所涉及的销售金额等。此外，CRM 提供各类数据的统计模型，为后期的分析和决策提供支持。

质检是基于语音识别、自然语言处理等技术对销售人员与客户之间的对话（语音或文字）进行质量检查的过程。质检又分为在线质检和离线质检。在线质检可以理解为实时质检，即实时对销售人员和客户的对话进行检查。离线质检是非实时的事后分析，通过上传或自动捕捉完整的会话内容进行检查和分析。会话智能质检的主要作用是从对话中分析客服人员是否存在违规行为（如是否用了违禁词、敏感词等），对客户需求的响应是否及时、积极主动，销售沟通技巧是否符合企业标准等。

尽管 CRM 和质检是当前较为常见的销售工具，但这并不意味着它们就是正确、合适、完美的解决方案。CRM 和传统智能质检并不能完美解决管理者面对的问题。

1. CRM 信息记录依赖人工，信息滞后且准确性难以验证

CRM 系统中的很多信息需要销售人员手动输入上传和记录，十分依赖销售人员的自觉性和主动性，然而大部分销售人员不愿意或者不及时更新交易和客户跟进信息。即使他们在系统中进行了记录，人工记录的结果常常是基于自身的经验判断，或者有时候会为了完成指标进行虚报。如此一来，信息的准确性难以保证。在进行销售复盘时，如果回顾和分析时用的基础数据不准确，那么不可能得到正确的解决方案。

2. CRM 系统中缺乏销售人员与客户沟通过程的数据

销售人员与客户的沟通是销售过程中非常重要的环节，是销售团队掌握未经过滤的客户真实声音的第一手资料。然而 CRM 系统却缺乏这一数据。在管理者想要验证销售人员自我评估的准确性，或想要了解真实的客户声音、找到真正的问题所在时，CRM 系统无法给他提供帮助。CRM 系统也无法帮助管理者快速回顾成千上万条通话录音、视频、邮件等数据。

3. CRM 无法深入分析交易的卡点和提供科学指导建议

由于 CRM 系统中缺乏对销售人员与客户沟通全过程的真实记录，因此管理者无法利用 CRM 系统发现业务风险和机会，洞察客户心声。同时，由于无法了解销售人员是如何与客户沟通的，以及每次沟通了什么内容，CRM 系统无法准确判断销售人员在沟通过程中需要改进的地方，也无法识别不同销售人员之间的能力水平差异，从而无法为销售人员提供科学的指导和建议。

4. 质检不能快速分析会话中的关键内容

智能质检的核心功能是检测销售人员或客服人员在与客户沟通的过程中是否存在违规行为，以及是否及时、积极地响应客户需求。但也仅限于此，它无法帮助销售团队管理者快速了解在整个对话过程中销售人员与客户沟通的关键事件，也无法让管理者快速了解会话的目的和结果。

因此，除了 CRM 和质检之外，我们还需要寻找一种真正解决问题的全新方法。

9.2　基于全量数据的销售复盘

数智化时代，数据已经如同土地、劳动力、资本和技术一样成为生产要素，具有战略资源的重要作用。注重数据的利用成为普遍共识。

CRM 是企业销售的一个数据中心，但它拥有的只是部分数据，因此无法完美应对复盘存在的问题。本节讲述的基于全量数据的销售复盘，是要发挥全量销售数据的作用，使销售复盘更具科学性。

9.2.1　在复盘中挖掘全量数据的价值

数据可以提供对销售过程和销售结果的客观评估，还能为销售团队提供指导意见，使销售复盘过程更加高效。

1.利用会话数据快速回顾销售人员沟通现场

销售人员的客户跟进过程详情散落在每一次与客户沟通的通话数据中。这些分散在通话录音、在线会议视频、工作聊天软件中的会话数据以往并未得到企业的重视和利用，而让"宝藏"蒙尘。如今，很多企业都充分挖掘数据的价值，有效利用数据。首先，企业可以将这些数据转换成便于理解和利用的形式。例如，将录音和视频转译成文字，这样便无须再费力去听录音或观看视频。其次，根据企业销售的标准化作业流程，将每一个环节的关键点细化成具体的关键事件。

通过将录音和视频转译成文字，并将每一段会话的内容用关键事件进行标示，无须二次加工转述，企业就可以直接快速了解真实的销售人员沟通现场，掌握销售人员与客户沟通的重要内容。会话详情示例如图 9-1 所示。

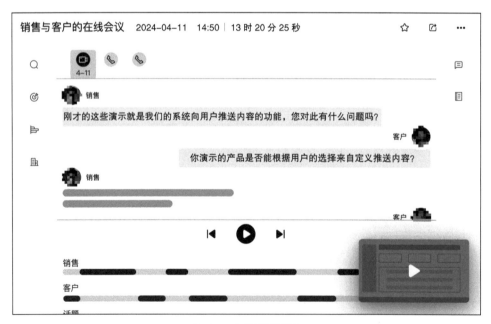

图 9-1 会话详情示例

2. 基于真实数据指标调整销售策略

就像中国女排、乒乓球等球队在比赛后会仔细回看比赛录像,分析赛场数据,复盘自己的表现并研究对手,以赢得后续的比赛一样,企业同样可以利用销售数据观察销售团队的表现并研究客户和市场,从而引领销售成功。

通过对销售数据进行结构化分析,企业可以量化各种销售指标。例如,销售人员在沟通中的说话占比、通话时长、通话频次、每个销售阶段的通话中的客户提问数量、客户方参与会议的人数、客户最为关注的问题、销售人员使用 ×× 词汇的频次。

量化这些销售指标的好处是可以对每种指标与销售成单之间的关系进行相关性分析。通过相关性分析的结果,管理者可以动态地调整销售策略。例如,某企业在分析销售人员通话中的听说比与他们能达成下一步的机会之间的关系时发现,当销售人员的说话占比在 65% 时,其成果表现最好,如图 9-2 所示。基于这个发现,管理者相应地对不同性格的销售人员进行调整,鼓励那些较为沉默的销售人员在沟通中更多地与客户互动。

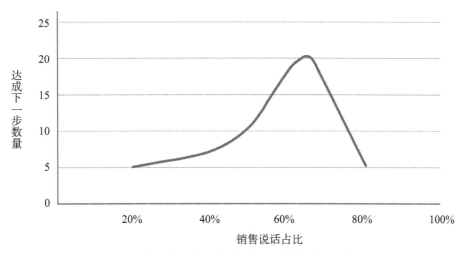

图 9-2　销售人员说话占比与达成下一步的数量之间的关系

根据数据得出的量化指标及其与成单的相关性分析结果，我们放弃了"我认为""我以为"的经验分析方法，转向了科学分析。这种基于数据得出的结果是销售复盘中非常有价值的信息，不仅为销售团队管理者后续的策略制定和调整提供支持，还能提升他们面对外界质疑他们决策科学性时的底气和自信。

3. 利用数据和科技及时发现并规避风险

在仅靠人力的情况下，我们往往无法及时发现风险，或者即使发现了风险，也无法及时规避。这个问题可以利用数据和科技工具来解决。通过比较历史成功达成交易的数据，可以获得为了达成交易销售人员应该提出的问题数量、与客户联系的频率、每次联系客户时应该讨论的事项等信息。

基于这些洞察，销售团队管理者可以设置风险预警提示。当销售人员未能达到标准时，要及时提醒他们进行调整。假设通过数据挖掘和分析发现当客户还在考虑阶段时，适当的跟进频次是每 3~5 天一次，如果销售人员在第 5 天还未联系客户，就发出长时间未与客户联系的风险提示。

有了这种风险提示，销售团队就不再需要等到每次季度复盘或年终复盘时才发现问题，然后再去解决问题。相反，销售复盘变成了"即时复盘"，问题和风险不会堆积，真正做到"即现即解"。

4. 发掘销售人员能力弱点，提供科学、实用的指导建议

销售团队管理者通常期望其团队成员能够展现出卓越的才能，特别是在复盘时，他们希望识别出优秀销售人员的特质，并推广至整个团队。但往往苦于没有一个可以确定和衡量优秀销售人员的方法。销售数据可以帮助解决这个问题。管理者可以利用会话数据深入洞察优秀销售人员在销售过程中的最佳实践。

除了分析单个销售人员的表现，管理者还可以将优秀销售人员和表现欠佳销售人员在同一个关键事件上的执行情况进行多维度对比，从而清楚地了解优秀销售人员的具体优势。这些优势可以作为对销售人员的指导和建议的依据。

通过分析销售人员的数据表现，管理者可以轻松地发现他们在与客户沟通过程中存在的问题。例如，产品介绍不够完善或需求挖掘不充分等。与传统的凭直觉和经验发现问题相比，这种数据分析方法更加快速准确，同时还能提供更实用和有针对性的培训、辅导建议。

9.2.2　高效、科学的销售复盘

为了更好地让各位读者理解传统的销售复盘与数据驱动型销售复盘之间的区别，下面将提供一些使用数据驱动型销售复盘之前和复盘之后的对比示例，以说明全量销售数据如何推动销售复盘走向高效和科学。

1. 销售漏斗复盘

（1）商机卡点分析。

复盘之前：经验推测不可信、不彻底。

销售漏斗各环节的转化率出现下滑或重要商机迟迟没有进展，销售人员花费一周的时间回顾了自己跟进的每一笔交易，给出了这样的分析："我认为这一单交易未达成的原因是我没有及时联系客户，周期拖得太长""获得的线索数量减少是因为我发送的邮件和短信没有针对行业进行区分"。

接下来，管理者还要评估销售人员给出的分析的准确性。这一单交易丢失的原因为什么是未及时联系客户？联系客户的间隔时间、次数和联系节点是如何安排的？在同类交易中，那些成功的交易是如何和客户联系的，间隔时间、次数和联系节点是怎样的？

通过对比分析，最终发现未成单的交易中销售人员联系客户的频次较低，间隔较长，因此得出了"未能成交是因为未及时联系客户，周期太长"这个结论。但是，这一结论是真实、可靠的吗？与其他销售人员相比情况是怎样的？如果其他销售人员在频次较低、间隔较长的情况下仍然成单较多，那么是否存

171

在其他原因导致了关单失败？

复盘之后：所有跟进数据清晰可见。

企业收集来自外呼中心、在线会议平台、IM 软件、电子邮件等的各种会话数据及 CRM 系统中的数据，对每一项交易的整个跟进过程进行分析。通过统计每笔交易的开始跟进日期、通话次数、邮件/短信数量、平均通话时长、最近一次联系时间、平均联系周期等指标，分析成功交易在这些维度上的特点。同时，将进行中的交易和丢失的交易进行对比，定位问题和风险，不再依赖销售人员个人的经验和主观判断。

例如，某企业的销售人员丢失了一位重要客户。销售总监想要了解丢单的原因，他分析了企业已经成单的与该客户相似的客户的销售人员在跟进过程中的统计数据（见表 9-1），并与该销售人员的统计数据进行对比，发现在提案和报价阶段，该销售人员与客户的联系频次明显下降。找到原因后，销售总监又听了在提案与报价阶段该销售人员与客户联系的两次通话录音，发现每次通话都出现了价格异议这个关键事件，再深入分析该关键事件，发现该销售人员对于客户的价格异议处理不当，导致客户不满意，不愿再继续沟通。如此，销售总监不仅快速找到了丢单的深层次原因，还能够及时针对问题对该销售人员实施辅导。

表 9-1　销售会话统计数据对比

客户	通话次数	通话时长（小时）	平均通话时长（分钟）	建立商机阶段		产品演示阶段		提案与报价阶段		谈判与关单阶段	
				联系频率（次/周）	联系次数	联系频率（次/周）	联系次数	联系频率（次/周）	联系次数	联系频率（次/周）	联系次数
成交客户	23	11.5	30	2	4	2	4	3	9	2	6
丢单客户	11	5.5	30	2	4	2	5	1	2	—	—

　　此外，我们还可以利用关键事件进行卡点分析。每一笔交易的销售跟进都经历了不同的阶段。在不同的阶段，销售人员与客户沟通的内容重点也会调整。这就意味着每个销售人员跟进阶段对应的会话数据中的核心关键事件是不同的，而且是有顺序的。通过分析上一关键事件和下一关键事件之间的转化率与流失率，可以帮助管理者发现业务转化中的障碍点，如图 9-3 所示。

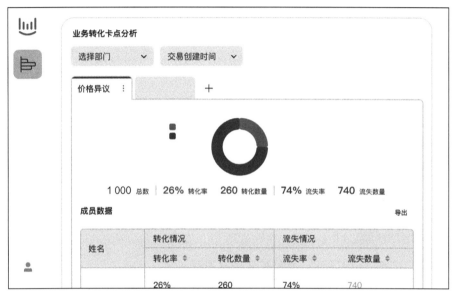

图 9-3　关键事件卡点分析

　　（2）销售 SOP 执行分析。

　　复盘之前："望洋兴叹"。

　　质量检查人员面对呼叫中心的录音数据"望洋兴叹"。为了提高效率，他们只能按照 5% 的比例进行抽检。然而，即使这样，两天过去了，任务进度条才到 1%。尽管引入了质检工具，使对销售会话内容是否符合规范的检查的效率有所提升，但仍然无法对 SOP 进行检查。

　　复盘之后：关键事件可视化，SOP 执行情况一目了然。

按照事先确定的关键事件树,提取每一通会话中触发 SOP 环节的关键事件。以此为基础可以快速地判断销售人员对 SOP 中每一个标准动作的执行情况。例如,是否有开场白、自我介绍、需求挖掘、产品介绍和案例展示等环节,同时还可以评估执行的质量如何。SOP 执行情况分析示例如图 9-4 所示。

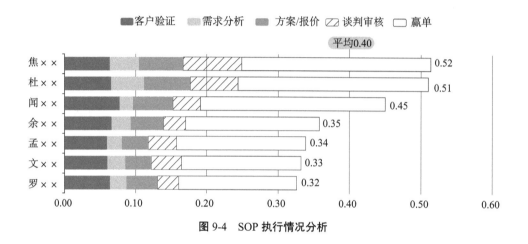

图 9-4 SOP 执行情况分析

(3)交易风险分析。

复盘之前:风险发现不及时甚至遗漏关键问题。

交易风险的发现极度依赖销售人员和销售团队管理者的个人经验积累与问题敏感度。这样往往无法及时发现关键的致命问题,导致商机丢失。

复盘之后:自动风险提示问题"即现即解"。

在前面商机卡点分析中,我们知道企业可以对交易跟进过程中的所有会话进行数据统计。除了表 9-1 中展示的统计维度外,还可以统计销售人员在会话中的说话占比、与客户联系的具体日期和时间、与客户再次确认会议时间的时机等。通过分析这些维度的指标,获得促进交易成功的见解。根据这些发现,进行数据跟踪监测和对比,对异常现象自动发出风险警示,如图 9-5 所示。例如,当销售人员发言比例过低或长时间未跟进客户时,提醒管理者采取相应的行动，如直接提醒销售人员采取行动，确保交易重新回到正轨。

图 9-5　风险提示示例

2. 销售团队能力复盘

复盘之前：自说自话。

销售人员在进行自我评价时，往往倾向于突出自己的优点并高估自己的表现。这种自我美化评分的倾向掩饰了其表现差的方面。与此同时，销售主管对销售人员的销售过程了解有限，评价主要基于最终的结果和个人经验，无法进行量化分析，无法真正帮助销售人员认清自己的表现。

复盘之后：智能个人能力洞察，客观分析长短优劣。

前文，我们已经介绍了如何对关键节点进行标准化，以评估销售人员在关键节点上的执行质量。通过标准化关键节点，我们能够分析每个销售人员的执行能力，制作个人能力雷达图（见图 9-6），以客观评估他们在与客户互动时的表现。

这包括他们在需求挖掘、话题引导、建立信任、运用专业术语、处理异议等方面的能力。通过图9-6，我们可以清晰地了解销售人员在不同方面的能力高低，还可以将其与部门和整个企业的整体水平进行对比，从而了解他们在团队中的位置。

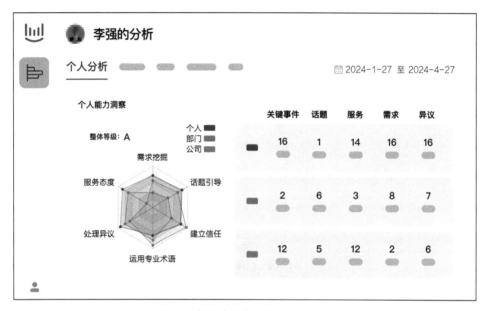

图9-6　销售人员个人能力洞察分析

3. 销售辅导

复盘之前：无法及时提供辅导并掌握销售人员学习进展情况。

通常情况下，销售团队管理者只能在定期或不定期的复盘中发现销售人员的薄弱之处，并对他们进行辅导。然而，这种辅导常常是不及时的，甚至可能导致问题越积越多，越积越严重。此外，在提供辅导后，管理者也无法及时掌握销售人员的后续表现情况。

复盘之后：随时随地提供辅导，实时掌握辅导进展情况。

有了会话数据，销售团队管理者能够随时查看销售人员的通话记录，快速回顾销售人员的完整沟通过程，并通过关键事件定位会话内容，及时发现问题所在。一旦发现问题，管理者无须再通过面对面或电话沟通的方式，而是可以直接在会话页面上发起辅导（见图 9-7），留下建议，帮助销售人员提升技能，解决问题，将销售进程拉回正轨。

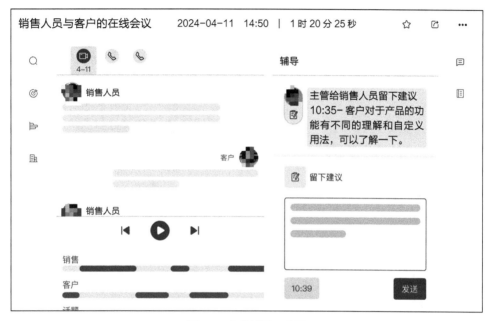

图 9-7　在线辅导示意图

不论是个人、团队还是企业，复盘都是促进成长的一种方法。销售复盘帮助团队从过去的行为中学习和提升，应对在 VUCA 时代实现收入增长的焦虑。但是，如果复盘的方式不对，其效果将大打折扣。只有使用正确的方式进行复盘，才能事半功倍。NLP 等 AI 技术的发展使得海量数据的处理变得简单。企业应该学会借用科技工具的力量快速处理和分析海量数据，让销售复盘变得更加高效和科学。

基于数据的复盘不仅是一种方法，还是一种数据思维。这种思维逐渐成为决定企业成败的关键因素。传统复盘和数据驱动型复盘对比如图 9-8 所示。

	阶段一 回顾	阶段二 评估结果	阶段三 诊断分析				阶段四 总结	阶段五 改进执行	
结果未及预期	1. 回顾目标	2. 对比目标和实际完成情况	3. 确认存在的问题	4. 检查执行过程	5. 发现深层问题	6. 分析原因（内外部）	7. 总结问题和解决方法	8. 制定进步目标和改进方案	9. 监测改进方案的执行情况和效果，回归第一步
结果优异	1. 回顾目标	2. 对比目标和实际完成情况	3. 确认超预期程度	4. 检查执行过程	5. 发现最佳实践或潜在问题	6. 分析原因（内外部）	7. 总结最佳实践和潜在问题的解决方法	8. 制定最佳实践方案和潜在问题的预防及改进方案	9. 监测方案的执行情况和效果，回归第一步
传统复盘	手动统计或系统统计数据	回想型／记忆型复盘，难以复现真实的客户跟进场景，难以获得客户心声；提出解决办法，分析问题；依靠个人经验，缺乏科学性；无法发现执行过程中的深层次原因					同题和方案都是经验之谈，可能不能真正解决问题；缺乏可规模化复制的洞察	改进方案依赖经验，但经验可能过时；主管随时检查销售人员的改进情况，并给予及时的销售辅导	
数据驱动型复盘	系统统计数据	充分利用销售会话数据，快速再现真实的客户跟进和变化情况，发现问题及原因，科学复盘	充分利用销售会话数据，并利用AI等技术对会话数据的处理，利用会话数据的基本指标对比；利用会话数据中的深刻问题及原因，摆脱经验依赖，科学复盘				从会话数据中发现赢单的最佳实践，促进赢单的最佳实践，输出可规模化复制的销售洞察	根据销售洞察，系统自动出具风险提示。主管随时查看销售跟进会话，在线实时辅导，随时检查改进情况	

图9-8 传统复盘和数据驱动型复盘对比

　　本章介绍了基于数据的科学的销售复盘方法。销售复盘是对整个销售过程和团队的复盘，最终目的是达成更优的销售业绩。

　　在数据型销售复盘方法中，我们利用了听说比、提问问题的数量、跟进频率等各种数据指标，使得销售人员的行为得以量化，并通过相关性分析确定了最佳销售行为实践标准，从而推动最佳实践在团队内的快速复制。通过销售复盘循环进一步实现销售过程和团队能力的持续优化与销售业绩的持续增长。

第 10 章　为企业创造增长的远不止销售部门

随着时代的发展和市场的演变，企业意识到以客户为中心的全链路服务的重要性。传统的营销模式注重产品的生产和销售，但如今，企业已经意识到仅仅依靠传统的市场模式和销售模式已经无法满足市场的需求。随着互联网、社交媒体等新兴事物的出现，消费者变得更加"聪明"，信息的流通消耗很低，市场竞争更加激烈，消费者的行为和需求发生了巨大的变化。

除了销售跟进，企业需要更加注重其他部门在客户旅程中所创造的价值，只有这样才能更好地满足市场和消费者需求，提高销售业绩和品牌价值。忽视任何一个环节的损失都是巨大的，企业要做到考虑周全，必须以数据的思维、客户的视角来梳理企业整体的业务脉络。客户旅程的三个方面，即客户成功、市场、产研（生产研发），长期以来被忽视，现在需要重新回到管理者的视野。

10.1　忽视客户成功：企业无法完成指数增长

客户旅程全链路都应该被重视，如果只关注销售过程和成单结果，忽视交付能力和售后服务，那么客户满意度、客户复购率、客户留存率都会大打折扣，从而影响企业整体营销效果和业绩。

因此，企业应该关注并优化客户成功的工作。为此，企业可以通过制定全面的客户旅程策略，明确各阶段目标和 KPI，建立完善的数据分析和评估机制，实现以客户为中心的"服务"系统的协同，提升整体营销效果和业绩。

10.1.1　客户成功正在成为重要的企业增长衡量指标

无论是在 B2C 领域还是在 B2B 领域，客户成功都标志着客户消费能力增强。随着科技进步和生产力提高，客户可选择的选项增多，市场从买卖双方平衡的状态，快速向"以客户为中心"转变。在当前的情况下，客户不会再被卖家套牢，他们的力量变得更加强大。因此，对于企业而言，仅仅实现一次的销售成功远远不够，需要尽可能地创造客户价值，满足客户需求，拓展客户生命周期，以延长企业寿命，实现企业收入增长。

客户成功是企业经营意识的进步。风险投资企业会关注客户成功。在投资一家初创企业或发展中的企业时，如果该企业的收入不断增加，表明这家企业正在做正确的事情，即提供了满足市场需要的产品或服务。而如果该企业的客户留存率过低，从长远来看，这是企业未能实现产品与市场匹配的一个信号。投资者关注的是长期价值，因此风投企业注重客户成功。正如拜伦·迪特（Byron Deeter）所说："我们在早期阶段如此在意客户成功，是因为它是一个非常好的预测企业是否会继续高速成长的指标。"

对于企业增长而言，客户成功是收入的承担者。客户成功体系对企业的营收贡献相当显著，通过确保客户获得成功，客户将更加满意，从而提高其对产品或服务的忠诚度，增加购买频率，以及通过口碑传播带来更多的客户。这最终将促使企业的收入增长和可持续发展。具体而言，客户成功为企业创造的营收价值占总营收的比例因行业、企业规模和其他因素而异。

一些研究机构对营收贡献的调查有以下发现。

（1）根据 Forbes 的一项研究，优秀的客户成功团队可以为企业带来 10%~15% 的销量增长。

（2）根据 Gartner 的一项研究，客户成功团队可以帮助企业增加 20%~30% 的收入。

（3）根据 Salesforce 的一项研究，客户成功团队可以为企业带来 34% 的销量增长。

当然，客户成功不仅仅是为了增加收入，还为了提高客户满意度和忠诚度，降低客户流失率和支持成本等。这些因素也对企业收入的增加产生积极影响。在客户拥护、推荐传播阶段，客户成功是最重要的角色。

对于市场来说，客户成功能够反映企业水准。在采购产品或服务时，客户通常会考虑供应商或企业的留存率。高留存率表明企业能够提供高质量的产品和服务，证实了企业的可靠性和稳定性，也体现了企业的价值。同时，客户成功还可以降低客户流失率，这展现了企业节省成本的能力。客户流失对企业来说是一种成本，需要投入更多的时间和资源来吸引新客户，几乎在所有的 SaaS 研究报告中，客户留存都是一个重要的话题，如果能够有效留存老客户，企业则能将更多的资源用于提升服务质量。

因此，企业应该注重提高留存率，通过提供高质量的产品和服务、建立良好的客户关系及持续的支持来提高客户的忠诚度和满意度。

10.1.2　客户成功是一种价值趋势

客户成功是一种价值趋势，它所展现的是一种重视客户全生命周期的商业思维。

《2019 年全球客户成功报告》（*The 2019 State of Customer Success Report*）

指出，全球越来越多的企业正在将客户成功作为业务优先事项，重视客户全生命周期管理和维护，以提高客户满意度和忠诚度。

高德纳（Gartner）在《2020 年技术成熟度曲线：客户体验》（*2020 Gartner Hype Cycle for Customer Experience*）中指出，客户全生命周期的管理和优化是客户体验管理的一个重要方向，未来几年将会越来越受到企业的重视和关注。

谷歌在《2019 年消费者趋势报告》（*2019 Consumer Trends Report*）中提到，消费者越来越关注品牌的可持续性、社会责任和道德标准，而客户全生命周期的商业思维可以帮助企业提高在这些方面的表现，从而赢得消费者的认可和支持。

综上，客户全生命周期的商业思维正在成为企业管理和发展的一个重要趋势。无论是 2B 商业领域常见的 SaaS 模式，还是 2B、2C 企业都在打造的私域模式，都是这种商业思维的产物。

Gainshght 公司的首席营销官丹·斯坦曼（Dan Steinman）（《客户成功：减少流失、增加复购的秘密》作者之一）认为客户流失是一种自然趋势。例如，SaaS 公司年平均客户留存率约为 60% ~ 70%，但是优秀的管理者能够带领公司实现将近 100% 的客户留存率。

以全球领先的数字媒体和在线营销解决方案提供商 Adobe 为例，Adobe 是世界上最大、最多样化的公司之一。目前，Adobe 已成为数字媒体和数字营销市场的领导者，根据 Gartner 的数据，Adobe 在数字内容制作软件市场占有53.6% 的份额。

回顾 Adobe 公司的成长路径，大致可以分为三个发展阶段。

阶段 1：从单个 App 应用程序入手，Adobe 率先推出了划时代的打印机语言 Postscript。

阶段 2：Adobe 逐渐深入创意软件领域，推出了 Adobe Illustrator、Premiere、Photoshop 等一系列经典图像处理软件。2003 年，Adobe 推出了第一个制图和设计软件包 Creative Suite，从销售单一软件产品转变为销售软件工具包。

阶段 3：SaaS 阶段。如果说 Adobe 早期的成功源于其技术实力和由此建立的强大品牌标志，那么后期公司做出的两个重要战略决策推动公司取得更大的成功。

2008 年至 2009 年，由于全球经济衰退和宏观经济疲软，低端用户市场需求下降，Adobe CS4 系列产品和印刷出版产品采购量减少，公司营业收入和净利润显著下降。在这一关键时期，公司做出了两大战略决策。其中之一就是商业模式的变革，从软件供应商转变为 SaaS 服务公司。

过去一段时间，许多商业巨头都将业务转变为 SaaS 模式，并且越来越重视客户成功。这一趋势带来了许多好处，具体内容如下。

（1）更低的成本：用户可以按需订阅所需的服务，无须投资大量资金购买和维护硬件与软件。

（2）更便捷的访问（使用）：用户可以通过互联网随时随地访问软件和数据，无须受限于特定的地点和设备。

（3）更强的灵活性：用户可以根据自己的需求选择订阅的服务，并根据需要随时调整。

实际上，整个趋势都围绕着打造更好的客户成功体验。由于货币流通更快，产品与服务迭代速度更快，客户能更快地享受到最新的服务，从而提高了客户满意度和忠诚度。其他像微软、亚马逊等企业也都在不断提升其 SaaS 产品的客户成功体验。

10.2　忽视市场：企业增长的命运线

市场部门是企业的灵魂，其在生产、销售、服务中的作用十分重要，是客户旅程的核心的组成部分之一。如果市场营销没有做好，就等于关闭了客户与企业建立联系的大门。市场认知和接受度低下，会极大地影响销售业绩。整个企业的目标和利益一致，意味着销售、市场和客户成功的目标是一致的。然而，一些企业过分强调销售，忽视了市场在客户旅程中的重要作用，这将导致不可避免的损失。

10.2.1　成也市场，败也市场

在客户旅程的全链路中，有三个关键角色：市场、销售和客户成功（售后）。市场部门是客户增长的"主角"，销售部门是拓展销售范围和赢单的"主角"，而客户成功（售后）部门则扮演着提高留存率和老客户增长的重要角色。市场团队必须基于企业现有的资源和战略方向提高企业在市场中的价值，以实现提高收益的整体目标。

诺基亚曾经是全球最大的手机制造商之一，其成功是建立在产品创新与市场战略之上的。

在手机市场发展早期，诺基亚非常注重技术创新和产品设计。诺基亚对手机市场进行了深入的研究，针对不同的消费者群体推出了不同款式的手机。例如，2003 年，诺基亚推出了旗舰款 Nokia 1100。这款手机不仅具有强大的功能和高品质的设计，还注重价格的实惠和长久的续航能力，成为全球畅销的手机之一。

此外，诺基亚还注重与运营商和零售商建立良好的合作关系，与其合作推出专门的产品和服务，提升销售额和市场份额。这种合作模式使得诺基亚在全球范围内建立了广泛的销售网络，成为消费者信赖的品牌。

诺基亚的陨落也是因为它的市场战略。

20 世纪末和 21 世纪初，诺基亚已经成为功能手机市场的领导者，拥有全球最大的市场份额。然而，随着智能手机的兴起，市场需求发生了变化，消费者开始追求更多的功能和创新。相比之下，诺基亚在智能手机领域的投入相对较少，而且它的管理层过度重视销售业绩，忽视了市场的变化和竞争对手的威胁。尽管诺基亚最初推出了一些智能手机，但其操作系统 Symbian 过时且不够稳定，不能满足消费者对更好体验的要求。同时，苹果公司推出的 iPhone 和谷歌推出的 Android 手机开始受到越来越多的关注。

由于过度重视业绩，没有监控市场，也没有根据市场发展及时调整战略，诺基亚在智能手机市场的地位逐渐被竞争对手取代。在市场份额下降的同时，公司的盈利不断减少。为了转型，诺基亚于 2011 年不得不将手机业务出售，并开始致力于其他业务，如网络基础设施、数字健康等。诺基亚的成功在很大程度上得益于其对市场趋势的精准判断和专业的市场洞察力，其最终的失败也源于未能持续保持对市场动态的足够重视。

企业必须密切关注市场和消费者不断变化的需求。依托市场部门的"情报"和专业分析，企业应及时调整战略，以适应市场变化，并在客户旅程的早期阶段抢占先机，确立正确的客户旅程目标。如果企业只关注销售业绩而忽视市场变化和竞争对手的威胁，那么衰落乃至消亡将成为不可避免的结果。

10.2.2　市场部门是企业增长的信息中枢

市场工作的核心是实现满足消费者需求和企业利润最大化之间的平衡。市场工作不仅包括市场调研、市场定位、市场推广等营销活动，还包括对消费者需求和市场变化的持续监测与分析，以及对企业产品或服务的定位、创新和改进等战略决策。市场是企业一系列决策的信息提供者。

在信息时代，信息已经成为一种重要的生产要素，与资本、劳动力等生产要素的地位相同。信息经济学是研究信息对经济活动影响的经济学分支学科。

信息经济学认为，信息具有价值，而且这种价值可以通过市场交易来体现。信息贡献理论认为，信息对于决策和创新具有重要的贡献，因为它可以提供新的思路和创新的方向。因此，信息的价值可以通过其对决策和创新的贡献来体现。"掌握信息的人掌握资源"，这句话印证了信息在当今社会中的重要性。

市场工作的价值在于深入了解和分析消费者需求与市场变化，以使企业提供有针对性的产品或服务，满足消费者需求并提升市场竞争力。产研不能脱离业务。生产研发是企业创新和发展的重要支撑，其目标不是开发最先进或成本最低的产品，而是开发符合市场需求且有竞争力的新产品和新技术，从而提高企业的市场份额和盈利能力。

如果生产研发过程脱离了业务需求，就可能导致产品和技术与市场需求不匹配，无法满足客户需求，最终造成投入成本的浪费和市场竞争力的下降。因此，生产研发必须始终紧密结合业务需求和市场需求，深入了解客户需求和市场趋势。

市场工作的目标是在满足消费者需求的前提下，通过市场营销活动和战略决策等手段实现企业利益的最大化与可持续发展。市场工作需要紧密结合企业战略和目标，持续探索和创新，提高企业市场竞争力和市场份额，为企业的长期发展做出贡献。同时，战略部门需要从市场的角度出发，掌握市场趋势和动态，了解竞争对手的情况和行业的变化，为企业制定长远的战略规划和决策提供有力的支持。

10.3 忽视产研：忽视企业增长的核心竞争力

产研是企业的核心部门之一，它承担着新产品的研发和技术创新的任务。产研部门不仅为企业提供新的产品和技术，还为企业的长期发展奠定了基础。

10.3.1　Xerox 走向衰败的教训

Xerox 公司是一家成立于 1906 年的美国跨国公司，主要经营复印机和文档管理等业务。20 世纪 70 年代至 20 世纪 80 年代初期，Xerox 公司一直是复印机市场的领导者，其销售额稳居行业之首。然而，该公司过于强调销售业绩，忽视了技术创新和研发投入，导致在技术上逐渐失去优势，最终使得市场份额开始下降。

具体而言，Xerox 公司的管理层过分追求销售额和业绩，认为只要销售业绩好就能盈利。因此，他们将更多精力和资源投入销售与市场营销，而忽视了产品研发和创新的重要性。与此同时，公司的竞争对手开始研发并生产更便捷、灵活的复印机，对 Xerox 公司的市场地位构成了直接威胁。

随后，Xerox 公司进行了大规模的裁员和重组，减少了研发投入，试图通过降低成本来提高利润率。然而，这一做法进一步加剧了 Xerox 公司的技术滞后和市场份额的下降，最终导致了公司的衰败。

到了 20 世纪 90 年代中期，Xerox 公司开始重视技术创新和研发投入，推出了多款新型复印机，并通过收购来扩大业务范围。尽管这些措施起到了一定效果，但已经"无力回天"，Xerox 公司依然失去了在行业中的领导地位。最终，Xerox 公司被迫退出复印机市场，专注于文档管理和外包等业务。

10.3.2　产研是企业的核心

企业是以产品为核心的运营实体。在企业的各部门中，市场部门需要和受众进行有效的沟通，将市场需求准确反馈给产研部门，同时也需要将有价值的产品正确传递给大众。销售部门需要销售产品和服务，帮助客户认可产品的价值。售后服务部门需要进行双向反馈，即将客户的使用体验反馈给产研部门以改进产品，同时也需要协助客户更好地使用产品来创造更大的价值。

　　企业的产品和技术水平直接影响其在市场中的地位。产研部门的职责在于不断提升企业产品的质量和创新性，以增强企业的核心竞争力，使企业保持领先的市场地位。从理论上讲，没有研发的支持，企业的持续发展能力将受到限制，甚至可能面临市场淘汰的风险。

第 11 章　企业全链路增长象限

要真正做好销售工作，就必须理解销售的本质。销售的本质是解决客户的问题和满足客户的需求，以实现商品（服务）交易。销售并不是单纯地向客户推销产品或服务，而是通过深入了解客户的需求和情况，提供解决方案和价值，与客户建立良好的信任关系，实现共赢。因此，如果企业要实现增长目标，那么客户全链路的质量需要提升到极致。

11.1　客户成功理论体系

企业的增长需要各个部门的共同参与，以实现高效和持久的增长。各部门应统一服务目标，即客户价值，以客户为中心寻求增长。

11.1.1　CS=CO+CX 客户理论体系

如今，有很多关于企业增长的理论，其中不乏与数据思维相关的观点。在B2B 领域，以客户成功（Customer Success，CS）为核心的一个广泛应用的公式是CS=CO+CX，如图11-1所示。这个公式是将客户成功分解为两个主要因素：客户成果和客户体验。这两者也是拆解产品价值的重要指标体系之一。

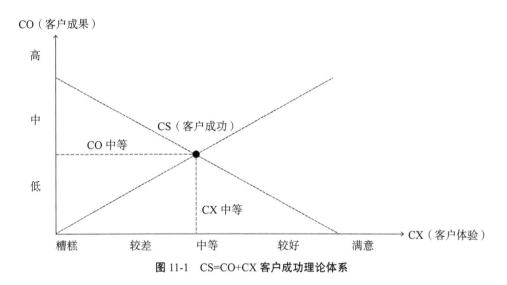

图 11-1　CS=CO+CX 客户成功理论体系

客户成果指的是客户使用产品或服务后所获得的实际价值和收益。客户体验指的是客户使用产品或服务过程中所体验到的感觉、情感和满意度。尽管"客户成功"这一理论主要在 B2B 和 SaaS 领域应用，但 2C 领域同样要重视客户体验和客户黏性。因此，这个公式的基本逻辑也适用于其他商业领域。

11.1.2　亚马逊出圈之道

客户价值的重要性不言而喻。在过去几十年间，重视客户体验的价值成为许多巨头脱颖而出的重要战略。

一个纯熟运用 CS=CO+CX 公式的案例是亚马逊公司。

亚马逊凭借优质的客户体验和不断创新的商业模式成为全球最成功的电子商务企业之一。

亚马逊始终将顾客放在首位，通过持续改进和优化体验提高顾客满意度。在亚马逊的在线购物平台上，顾客可以快速找到所需的商品，享受安全、快速的配送服务。此外，亚马逊还推出了一系列增值服务，如亚马逊 Prime 会员计划等，以进一步提高顾客满意度。

通过不断改善客户体验，亚马逊在竞争激烈的电子商务市场中取得了巨大的成功，目前已成为全球市值最高的企业之一。

11.2　新企业增长"立交桥"体系

当企业管理者从更宏观的视角去分析企业各部门应该如何运转时，CS=CO+CX 公式的弊端就会显露出来。CS=CO+CX 客户理论体系有其局限性，部门之间的协作需要从更多维度入手进行综合考量。

11.2.1　CS=CO+CX 客户理论体系的局限性

尽管 CS=CO+CX 公式已经被广泛运用，我们仍然应该对其持有批判的态度。本章的主要目的是引入客户旅程全链路的视角，为企业增长赋能。然而，如果仅仅按照这个公式来思考，对客户旅程的考量必然是不全面的。该公式并未涵盖客户旅程的完整长度和深度，无法体现出其他部门的贡献。

另外，CS、CO 和 CX 都是用于衡量客户状态的指标，缺少衡量企业部门工作的指标。因此，为了构建以客户为中心的服务流程，企业管理者应该培养更加宏观的视角，而非直接套用 CS=CO+CX 公式。

11.2.2　新企业增长"立交桥"体系

在管理者思维中，管理者应专注于观察各部门在客户旅程全链路上的工作表现。CO 和 CX 不仅是业务部门的工作目标，也可以成为统一各部门工作的重要指标。CO 和 CX 可以作为一面"镜子"，有机地打通和映射出客户旅程全链路，梳理、整合各部门的工作，最终实现"以客户的视角理解客户，以内部协同的视角完成客户目标"。

在图 11-2 所示的企业增长"立交桥"中，原本一维的客户旅程已经发展成为一个更加丰富的二维平面，涵盖了市场、销售、客户成功三个角色。这是整合"以客户旅程全链路为中心"的所有部门工作的第一步。

在客户旅程中，市场部门负责吸引和激活潜在客户，使客户完成从未知到认知再到诉求的行为转变。通过深入分析目标客户群体，市场部门致力于降低他们对产品产生认知的成本，激发他们的购买需求，同时持续关注如何提升客户价值。市场团队的目标是塑造积极的客户体验，减少客户体验中的摩擦（确保客户体验顺利），让客户相信并认同产品的价值。

销售部门在市场部门之后介入，与客户进行深入沟通，增进客户对产品的理解；了解产品与客户场景的适配情况，与客户达成共识；深入了解客户未来的发展方向，以确保客户认同产品的价值，尽可能提升客户体验，加速客户旅程进入下一个阶段。

售后服务部门则专注于已签约的客户，不断提供更好的产品体验，帮助客户充分利用产品的价值，最终实现客户价值的增长。售后服务部门以共赢的方式达到客户续约、增购、推荐其他客户、交叉销售、增加线索的目的。

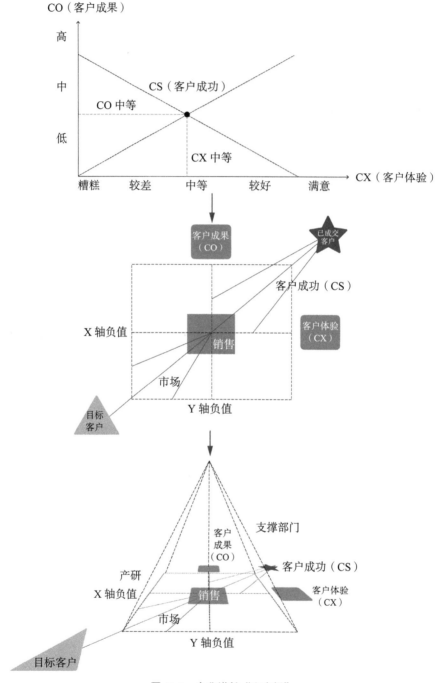

图 11-2　企业增长"立交桥"

上述仅仅是第一步，接下来我们需要在二维平面上引入产研部门，实现全链路的贯通。无论是哪个业务部门，都会实时向产研部门提供"情报"，包括市场的认知、客户的需求及客户的规划，这些将成为产研部门的工作依据。产研部门作为"立交桥"的地基支撑着二维平面的运转。在此之上，还有人力资源部门、财务部门等支撑部门，共同架起企业增长的"立交桥"。

11.3　数据思维打造企业增长闭环

销售团队应对成单结果承担责任。销售部门的业绩往往是最为直观和易于量化的。这些业绩指标并不仅仅是简单的数字，它背后所反映的是团队的努力和工作成果。现代管理学之父彼得·德鲁克曾说过，如果你不能衡量一件事，那么你就不能改进它。因此，数据不应该只存在于销售部门中，整个组织的表现都应该通过数据来衡量。

11.3.1　树立企业增长闭环管理心态

企业增长的任务不能单纯地分配给某一个部门，它是各个部门协作的结果。企业的 CEO 和各部门负责人都应该建立这一认知。

以销售团队为例，在研究不同销售团队管理者的工作方式时，我注意到了几种不同的心态，并将其归纳为三类，即单兵心态、队长心态和将领心态。

1. 单兵心态

个人英雄主义是这种心态的重要标签。这类管理者非常关注自己的个人表现和业绩，通常喜欢独立完成工作任务。他们的优点是个人能力强，能够出色地完成工作任务并取得显著的个人销售业绩；独立性强，能够迅速做出决策，并且通常有很强的动力和实现目标的意识。

然而，他们容易忽视团队合作和沟通的重要性，这可能会影响整个销售团队的效率提升和协作。他们往往会脱离团队或过度承担团队的任务，这将不利于业绩的提升和团队的发展。销售冠军或者经验丰富的资深销售人员往往持有这种心态。他们因为突出的业绩被委以重任，开始行使管理职能，处在从一线销售人员向管理者转型的中间状态。

2. 队长心态

主动"练兵"及带头上阵是拥有这种心态的销售团队的领导者或者更高级别的销售团队管理者的标签。他们更注重团队协作，通常能够身先士卒，主动带头解决难题；喜欢与团队成员协作，并愿意为团队的成功付出努力，甚至做出个人利益的退让。

他们的优点在于善于沟通和协同，能够主动发现团队成员的问题，并及时干预，激励和辅导团队成员实现目标。持有队长心态的管理者深信团队的价值，认为"1+1>2"，比起个人的成功更重视团队的荣誉感。然而，有时候"队长"也可能会过于注重团队荣誉，忽略了个人表现的重要性，这可能会影响个人激励。除此之外，他们有时过于关注自己的团队，容易对其他团队产生竞争心理。较为资深的销售团队管理者往往拥有这种心态。

3. 将领心态

关注部门间的联系与业务整体方向是拥有将领心态的销售团队管理者的标签。他们通常关注企业层面的目标，注重企业的整体发展和业务战略的制定，并且能够有效分配资源和管理团队。他们的工作思路是通过部门间的协调，对齐工作标准，推动不同部门共同进步，打造推动企业增长的高效团队。

他们的优点是思路清晰、目标明确，有能力领导整个销售团队实现企业的战略目标。然而，他们极有可能会忽视个人或团队的贡献，导致团队缺乏激励和执行力，因此在执行层面他们未必能令人满意。根据我们的调研结果，销售副总裁级别以上的管理者通常拥有将领心态，多数担任企业的 COO、CMO 或 CGO。

11.3.2　关键事件思维管理增长全链路工作

在打造增长闭环时，企业应重新梳理各部门的主要工作职责，明确增长团队的组织架构。

1. 销售部门

作为推动企业发展的关键部门之一，销售部门承担着与客户沟通、推广产品和服务及实现销售目标的重要职责。销售部门需要与市场营销部门、客户服务部门等其他部门协作，为客户提供全方位的服务。

2. 市场营销部门

市场营销部门是推动企业发展的另一个重要部门，负责研究市场需求、制定营销策略和品牌推广计划等。市场营销部门需要与销售部门紧密配合，共同推动企业的销售目标实现。

3. 产品研发部门

作为推动企业发展的核心部门之一，产品研发部门负责开发新产品、改进现有产品及提升产品质量。产品研发部门需要与市场营销部门、销售部门等其他部门协作，以了解市场需求和客户反馈，为企业的产品创新和升级提供支持。

4. 客户服务部门

客户服务部门是推动企业发展的一个关键部门，负责提供客户售后服务、解决客户问题及提升客户满意度。客户服务部门需要与销售部门、市场营销部门等其他部门协作，提供优质的客户服务，从而提升客户忠诚度和口碑。

5. 数据分析部门

数据分析部门是推动企业发展的重要支撑部门，负责分析市场数据、客户数据和产品数据等，为其他部门提供数据支持，帮助企业做出科学的决策。数据分析部门需要与其他部门协作，将数据分析的成果转化为实际的业务增长。

6. 人力资源部门

人力资源部门是推动企业发展的基础部门之一，负责招聘、培训、激励和管理员工，帮助企业建立优秀的人才团队，为其他部门提供人才支持。人力资源部门需要与其他部门协作，共同实现企业目标。

根据上文对客户旅程的全链路分析，我们已经建立了企业增长"立交桥"。下面将分析如何启动并使"立交桥"高效运转。

在本书中，我们采用了数据思维和 DMSO 模型，并将客户信号作为衡量客户侧的信息指标。同时，我们通过数据思维的方法，识别了销售侧的关键指标——关键事件，以此来评估销售跟进的效果。

这一指标同样适用于客户旅程的其他阶段。客户信号指的是客户在购买过程中向企业传递的各种信息，这些信息对销售进程有重大影响。在客户旅程的5A 阶段，即认知（Awareness）、诉求（Appeal）、询问（Ask）、行动（Act）、倡导（Advocate），客户不断释放信号。引入客户信号的概念，可以更科学地认知客户旅程。将关键事件作为衡量企业内部工作业绩的指标，可以明确地衡量各部门在企业增长"立交桥"中的表现。

利用客户信号与关键事件管理非销售跟进部分的客户旅程和第三篇的思路相似。首先，要制定一个企业适用的信号模型——找到关键指标；其次，根据重要程度和企业可管理的原则——进行信号的采集与筛选；再次，制定客户信号标准，进行信号分析（即分析信号的属性），设计应对策略，将应对策略拆解成销售 SOP 动作并将其下放给相关部门进行处理；之后，将 SOP 拆解为关键事件——销售侧关键指标，按照一定标准监测并管理各部门执行工作流程中的关键事件；最后，复盘工作 SOP，不断进行调整和优化。

市场拥有独特的关键事件模型。美国市场营销协会（American Marketing Association，AMA）对市场营销的定义是：市场营销是在创造、沟通、传播和交换产品的过程中，为客户、合作伙伴及整个社会带来价值的一系列活动、过程和体系。

根据市场应重点关注的客户旅程的阶段，我们可以将市场工作的重点分为客户接触点、接触内容和客户效果，如图 11-3 所示。

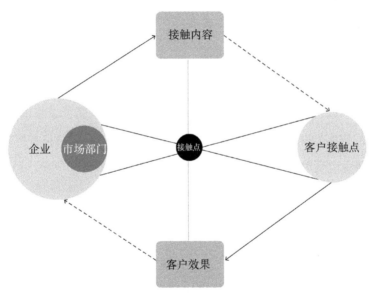

图 11-3　市场工作重点

客户接触点指的是企业与潜在客户或现有客户进行互动的渠道，如广告、促销活动、网站、社交媒体和客户服务等。客户接触点的选择和管理非常重要，因为是否选择了正确的接触点决定了企业是否能够找到正确的客户群体，同时也直接影响客户对企业品牌和产品的理解与印象。

接触内容指的是在客户接触点向客户传递的信息和内容，包括但不限于广告、促销材料、网站内容、社交媒体帖子、品牌形象宣传及客户回应等。接触内容需要根据目标客户的需求、偏好和行为等特征进行定制，以确保能够有效吸引客户并传递企业产品的核心价值。

客户效果指的是客户旅程的进展效果，是衡量市场营销成功与否的重要指标。客户效果可以通过客户释放的信号来评估，如客户的访问次数、对内容的满意度、问询频率和评价等。市场营销人员需要跟踪并分析这些指标，以确定哪些内容策略和接触点最为有效，并相应调整策略以提高客户效果。

基于以上内容，市场部门可以将结果监测的工作转化为固定的客户信号。通过客户认知程度信号、客户受吸引程度信号及其他信号来评估市场工作的阶段性结果。通过监测和管理关键事件，我们可以评估具体工作的质量并有针对性地进行优化。

在与客户进行联系之前，如何确认客户信号呢？我们可以将市场营销学体系中提出的许多数据作为参考依据。依据增长黑客和首席增长官提供的指标，我们可以通过监测以下指标来了解客户信号中的关键事件。

1. 接触点

（1）渠道规模：访问量、用户量。

（2）渠道拉新力：新访问客户量。

（3）渠道质量：客户访问时长、转化率 1（跳转）、转化率 2（注册或留资）、转化率 3（直接购买）。

2. 接触内容

接触内容的质量体现在关注率、转化率、后续反馈三个方面。

与销售过程不同，市场部门往往不能只观测某一个客户的信号。相反，他们需要关注更宏观的数据，如访问量、数据流等。这些数据也是优化市场工作的重要依据。

客户提及竞品的信息对市场部门非常重要，竞品调研是市场部门的重要工作之一。市场部门需要收集竞争对手的数据，包括产品特点、定价、市场份额、销售渠道、客户评价和营销策略等。市场部门会对收集到的竞品数据进行分析和比较，找出竞争对手的优势和劣势，了解自身与竞争对手之间的差距和机会。

客户声音的一手数据中蕴含着高质量的精品情报。在销售人员跟进和客户成功服务的过程中，客户提及竞品的信号不仅对当前的销售状态有重大影响，同时也是市场部门的重要"情报"。它对及时了解竞争对手的动态起着巨大作用，小到调整销售技巧片段，大到调整市场战略。

客户成功拥有独特的关键事件模型。客户成功这一术语来源于企业服务领域。在企业服务领域，由于初期的获客成本较高，用户生命周期内的价值回流速度慢，获得利润的时间会滞后，因此用户续约和留存成为该领域内企业的业务基石。尽管客户成功这一术语来源于企业服务领域，但所有行业实现增长都离不开客户成功。所有企业都需要将客户交付工作做好，持续为客户创造价值。

客户的需求、增购和流失等情况是客户成功部门关注与负责的结果性指标。这些指标应围绕客户旅程展开。客户成功的信号模型如图 11-4 所示。

图 11-4　客户成功的信号模型

销售人员需要与客户建立信任关系。他们要做到比客户更了解客户，才能真正站在客户的立场上，为客户提供符合其需求的、有价值的服务。

在客户旅程中，很多客户签单后都面临如下困扰。在营销环节，客户已经多次深入地与市场、SDR 和销售人员讲述、讨论了自己的需求。但我们的调研结果显示，在客户成功阶段，客户仍然需要多次重述自己的具体情况和需求。理论上，这些信号应该经由销售部门传达给客户成功经理。然而，如果销售人员在传达客户信息时省略部分信息或出现错误，就会导致客户成功部门经理在服务过程中重复提问客户他们已经回答过的问题。这将对客户体验产生负面影响。

11.3.3　打通全部门，高效的协同增长飞轮

所有客户信号都是在诠释客户信息，而这些信息则是隐藏在"冰山"之下的"宝藏"。真正的管理者是能够看到海面下的整个"冰山"的人。"宝藏"不应该只被某个部门的某段工作流使用。相反，所有部门都应该围绕客户开展工作，有用的信息应该传递给所有部门。

1. 建立统一目标和标准

过去，各部门之间的工作目标不统一。市场部门的目标是获取线索，销售部门的目标是赢得订单，售后服务部门的目标是续约，产研部门的目标是开发产品和服务，数据分析部门的目标是分析各种数据以为决策提供支持。尽管这些工作目标很具体，但是难以贯穿所有部门，甚至会出现相互制约的问题。

以销售和客户成功为例，当销售人员成功签约后，客户旅程进入客户成功阶段。然而，客户成功并不一定能够实现续约或增购，问题的症结可能是销售人员过度承诺导致客户体验不佳，过高估计了产品的价值。因此，如果销售人员只关注赢得订单这一个目标，对企业发展长期的客户是不利的。

因此，所有部门都必须以客户旅程的高效推进为目标，建立统一的工作目标，明确各自的工作职责。

此外，不同部门看待客户的角度和颗粒度是不同的。通常认为，市场部门

关注客户的过往行为，销售部门专注于客户的当前需求，而客户服务部门则着眼于客户的潜在发展。虽然这样的说法很抽象且不完全准确，实际上反映了不同部门对客户流程缺乏统一的把控标准。

通过数据思维，我们引入客户旅程作为统一路线，客户信号作为结果标准，关键事件作为企业工作的过程标准。无论客户是何种类型，一旦进入客户旅程，就会有一套属于自身的信号路线。这套路线不仅能统一各部门的认知，还能为各部门提供可量化的关键节点。在各部门统一标准之后，工作交接或互相协同都可以通过一个标准化的体系进行，从而全面降低跨部门协作成本，提高协作效率。

2. 创造协同文化

"帮助别的部门对我是有价值的"，所有的员工都应该有这样的想法。

对于市场部门来说，拥有销售部门和售后服务部门的真实反馈声音，可以更好地理解客户，更及时地掌握市场动态。有了产研部门的支持，可以更好地营销产品，创作更具内核的产品营销内容。有了数据分析团队的支持，可以发现更多市场数据背后的深层洞察。

对于销售部门来说，有了市场部门的支持，可以更详细地了解跟进客户的画像，根据市场情报制定销售策略，提高成单率。有了售后服务部门的支持，深刻理解已成交客户，可以更好地满足正在跟进中的客户的需求，推动签约。有了产研和数据分析团队的支持，可以更好地向客户展示产品。

对于售后服务部门来说，有了市场部门的支持，可以对目标客户所属行业了解得更加透彻；有了销售部门的支持，可以提供更好的客户体验；有了产研和数据分析部门的支持，可以实现更优质的交付和更有针对性的产品升级。

所有部门都要下意识地将自己获取的信息按照使用价值分享给相关部门。当信息流通之后，"信息的风"将吹动"协同的飞轮"。

3. 创建企业销售增长协同飞轮机制

企业增长"立交桥"已经明确了各个部门在客户旅程中的位置,现在需要开发一个模型来指导部门工作并且不断自我调整和优化。根据之前的讨论,我们已经有了可量化的指标,如客户信号、能力指标和关键事件等。在进行调整和优化时,选择最有价值的指标,并针对这些指标的工作 SOP 进行调整和优化,具体如下。

(1)根据部门工作结果与重要指标的相关性分析结果,对指标的选择进行调整和优化。

(2)对那些能够额外积极影响结果的关键事件进行验证,并将其纳入工作 SOP 中,这是对销售 SOP 的优化,同时也需要随着业务的发展变化删除一些不再适用的关键事件。

(3)根据关键事件对结果的影响,调整关键事件的标准。

这些自我优化的结构能让协同飞轮一直保持高质量的运转,为企业带来持续的增长能量。

11.4 CGO——企业增长的掌舵者与源动力

企业在以客户旅程为中心的全链路上建立"立交桥"的骨架,引入关键事件成为使"立交桥"更加稳固的"螺丝";同时协同的飞轮也已经搭建完成,信息的流通为其带来了"风"。通过优化策略,可以确保飞轮一旦运行便能够长时间地运转,推动企业高效增长。但是仍缺少最关键的一环,即飞轮运转的源动力和掌舵者,这一角色由首席增长官(Chief Growth Officer,CGO)来担任。

11.4.1　首席增长官的起源与意义

首席增长官是企业中负责促进企业业务增长和发展的高级职务。通常，首席增长官的职责范围涵盖市场营销、销售、业务开发和产品开发等领域，旨在帮助企业实现商业目标。

2017 年 3 月 23 日，商业界声誉卓著的可口可乐公司宣布将设立首席增长官一职，来统一领导全球市场营销、客户服务、企业战略，并且直接管理五个核心战略饮料事业群。同时，可口可乐宣布裁撤已经设置了近几十年的首席营销官（Chief Marketing Officer，CMO）。实际上，可口可乐并非第一家设置首席增长官的公司。根据罗盛咨询公司（Russell Reynolds Associates）对主流快速消费品公司的意向调查，自 2014 年起，86% 的公司开始任命首席增长官。

领英（LinkedIn）对首席增长官的描述是：首席增长官的职责是连接各个部门，打破各种传统部门之间的阻断，从整体上关注客户需求、市场动态及买家的行为和喜好。首席增长官通过优化整体流程，提供最佳的用户体验，从而使整个企业聚焦高速增长。

首席增长官职位的出现可以追溯到近年来数字经济和互联网行业的兴起。随着互联网的发展，企业面临着越来越激烈的竞争，更加注重市场营销、产品创新和用户体验等方面的工作，以实现业务增长和盈利。而首席增长官职位正是针对这些需求而设立的。首席增长官可以协调企业各部门之间的合作，制定增长战略并监督实施，帮助企业更好地了解市场需求和用户反馈，以提升产品和服务的质量与竞争力。根据 Gartner 在 2017 年发布的行业报告，在大中型企业里，超过 50% 的 CEO 和高管认为企业最应该关注的是增长，其次才是技术。

11.4.2　首席增长官的工作重点和原理

可衡量＝可增长。首席增长官必须注重数据，并运用数据思维来管理团队和推动业务增长。

1. 首席增长官的工作重点内容随企业发展而变化

在《首席增长官——如何用数据驱动增长》一书中，作者给出了企业增长所要经历的五个重要阶段：问题和解决方案匹配时期、最小可行产品时期、产品和市场匹配时期、渠道和产品匹配时期，以及成熟期。

（1）问题和解决方案匹配时期：关注并发现客户痛点，进而探索解决方案。

（2）最小可行产品时期：在产品与市场匹配之前，建造最小可行性产品原型，用最小的成本试验产品的需求。

（3）产品和市场匹配时期：衡量产品是否令用户满意。可以设置两个简单指标：用户留存度和用户缺失感（如果用户不使用产品的感受）。

（4）渠道和产品匹配时期：首席增长官的一个核心使命就是率领团队不断用新的技术去探测并且测试分析各个渠道的效率，以投入更多的资源实现企业扩张。

（5）成熟期：除了延续第四个阶段的工作，企业需要获得下一个指数的增长，可以考虑进入新兴市场或并购等策略。

在这五个阶段中，首席增长官的工作重点是不同的。因此，首席增长官需要随着企业的发展调整自己的工作内容。

2. 首席增长官的工作原理——数据思维

首席增长官的具体工作内容在不同阶段可能有所差别，但其工作原理基本相同——找到北极星指标（North Star Metric）并使其增长。这与 DMSO 模型异曲同工。确定关键指标是理解不同增长情境下首要的一步，同时也是培养数据思维的基础。

（1）找到北极星指标。北极星指标又被称为唯一重要的指标。之所以被称为北极星指标，是因为这个指标一旦确立，就像北极星一样高高闪耀在天空中，指引着全企业向着同一个方向迈进。找到北极星指标，是首席增长官的首要任务。

（2）建立北极星指标的衡量标准。所有的指标都需要被衡量。首席增长官需要根据企业的业务形态设立北极星指标的衡量标准。在设立北极星指标衡量标准时，可以参考 SMART 原则。SMART 原则最初被应用于促使员工更加高效的工作，为管理者对员工进行绩效考核提供考核目标和标准，后来被广泛运用于各种标准的设置中。

（3）数据驱动增长。无论是增长的结果还是增长的过程，都离不开数据的支持。首席增长官的工作离不开对各个环节数据的关注、理解、分析。建立数据驱动思维，首席增长官才能掌好增长飞轮的舵。

本章从销售延展到整个企业的增长。数据的收集拓展至整个客户旅程，关键指标沿用了前文提到的客户信号与关键事件，在实践过程中，还需要引入销售特质和客户标签等关键指标，通过数据分析洞察，进行关键指标优化增长，从而达到提升整体效能的目标。

无论是微观的具体执行，还是宏观的企业战略，企业最重要的目标就是增长，这离不开数据思维。DMSO 模型是从销售行为、销售个人提升到业务增长、企业革新的重要工具型抓手。在新时代、新科技发展背景下，只有转换思路，依靠数据思维，才能在众多企业中脱颖而出，实现高效增长。

附　录

1. 销售术语

（1）销售方法论：一种组织和指导销售过程的方法。一套优秀的销售方法论融合了前人成功的销售经验，能够为销售人员提供清晰的销售路径，缩短他们的成长周期，还可以减少企业的试错成本，确保企业获得成功。

（2）产品型销售：以产品为中心，销售人员和客户的沟通围绕产品特性展开。销售人员的角色是产品专家，根据自己在培训中学到的产品知识，将客户需求与产品匹配，向客户介绍产品的功能、产品能解决的问题、产品能满足的需求。最终，大多数客户会选择拥有"最好"产品的卖家。

（3）关系型销售：更注重销售人员与客户之间建立融洽的关系。为了建立这种关系，销售人员通常会花费较多的时间与潜在客户打交道，积极倾听客户意见，发现客户需求，并为他们提供帮助。

（4）顾问式销售：在这种销售模式下，销售人员更像客户的顾问。他们不再推销特定的产品，不再强调"卖"，而是高度关注客户，根据潜在客户的需求和痛点为其推荐更具吸引力和更有效的解决方案，充当客户的参谋，帮助客户完成采购。

（5）销售会话数据：记录销售人员与客户沟通过程的原始数据，如电话录音、在线会议视频、邮件、社交软件聊天记录等。

（6）胜任力/冰山模型：反映胜任特征的著名模型。胜任特征是指将某个工作团队中或组织中的卓越成就者和表现普通者区分开来的个人特征。我们可以将胜任特征理解为一座漂浮在水面上的冰山，包括看得见的表面的"水上部分"和看不见的深层次的"水下部分"。"冰山"的"水上部分"代表表层特征，如知识、技能等，这些特征是外在表现，容易被了解和测量。"冰山"的"水下部分"代表深层特征，如价值观、自我形象、特质 / 倾向、内驱力与动机等，这些是个人内在的、难以测量的特征，对人的行为与表现起着关键作用。

（7）STAR 法则：一种行为面试方法。其内涵是：情境（Situation）、任务（Task）、行动（Action）和结果（Results）。面试官可以应用 STAR 法则在面试中测试候选人的能力和特质，当然候选人也可以应用 STAR 法则使自己的回答更具结构性和逻辑性。

（8）TEMT 培训法：一种全新的销售培训方法。TEMT 培训法创新性地将销售会话数据融入销售培训，具体内容为：根据销售画像为销售人员提供针对性的培训、考核销售人员知识掌握情况、监测销售人员能力变化、对未达到效果的销售人员再次培训，构建了"培训（Train）—考核（Examine）—监测（Monitor）—培训（Train）"的闭环，以加快销售人员成长的速度。

（9）关键事件：指业务流程中比较重要的节点性内容，如标准操作程序（Standard Operating Procedure，SOP）中的关键沟通技巧和环节等内容，或者在销售过程中触发的与业务结果关联性较大的事件。

（10）标准操作程序（SOP）：是指在有限的时间内，为了执行复杂的事务而设计的内部程序。SOP 将某一事件的标准操作步骤和要求以统一的格式描述出来，以指导和规范操作。

（11）客户画像：客户的肖像画，通过客户标签展现。B2B 企业和 B2C 企业客户标签的侧重点有所不同。B2B 企业的客户是企业，客户标签通常包括企业规模、行业、营业收入、痛点、采购流程、企业决策者等。B2C 企业的客户主要是个体消费者，客户标签通常包括年龄、性别、职业、教育经历、婚姻状况等。

（12）PCD 模型：本书提出的一个绘制客户画像的模型。它从企业销售的产品（Product）、目标客户（Customer/Client）和关键决策人（Decision-maker）三个方面综合分析客户画像，使企业对目标客户的认知更加全面和准确。

（13）ICP：Ideal Customer Profile 首字母缩写，指理想客户画像。理想客户是企业的最佳客户，其需求与企业提供的解决方案完美匹配。这意味着符合理想客户画像的客户对企业来说价值最高，需要投入更多的资源和精力为其服务。

（14）销售线索：指未经验证和过滤的客户信息，通常来自市场活动、线上广告投放等渠道。

（15）推播式营销（Outbound Marketing）：是一种利用电视广告、电台广告、电话营销、书面邮件、付费平面广告、参加展览、活动赞助和地推等方式吸引受众关注的营销方法。

（16）曝光效应：源于 20 世纪 60 年代著名心理学家罗伯特·扎荣茨（Robert Zajonc）所做的一系列实验室研究。他的研究表明，只要让参与者接触熟悉的刺激物，他们对这些刺激物的评价就比以前从未出现过的其他类似刺激物更高。这一发现对市场营销产生了巨大影响，品牌商试图利用这一效应从众多选择中脱颖而出，成为消费者的第一选择。

（17）集客式营销（Inbound Marketing）：最早由 HubSpot 公司提出，核心理念是让客户主动找上门。集客式营销的思路是：有潜在需求的客户会主动利用网络搜索等途径了解产品和品牌，公司则需要在每一个可能与客户接触的触点上准备高质量、有价值的内容，以吸引潜在客户，帮助他们主动找到公司。

（18）ABM：Account Based Marketing 首字母缩写，一般称为基于账户的营销或目标客户营销，是一种高度集中、聚焦增长的营销策略。ABM 要求销售团队和市场团队通力协作，将资源集中在能够给企业带来价值的客户身上。根据理想客户的特征确定精准的目标客户，通过有针对性的营销方式与客户建立连接，为客户提供量身定制的个性化体验，推进客户购买旅程，实现成交和续约。

（19）销售漏斗（Sales Funnel）：是指将潜在客户转化为成交客户的过程。它用于描述在销售过程中，从潜在客户首次接触产品或服务到最终购买的整个流程。销售漏斗报告展示的是某一时期的数据。例如，某企业上个季度获得的 1 000 条线索从漏斗的上一阶段进入下一阶段的比例。销售漏斗可以帮助销售人员和管理者更清晰地了解实现销售目标所需的线索数量，以及潜在客户通过漏斗所需的时长。

（20）销售管道（Sales Pipeline）：指促使潜在客户成交的过程。与销售漏斗报告有所不同，销售管道报告展示的是某一时间点的数据，即展示了在生成报表的那一刻企业销售管道每个阶段中存在的所有交易的价值和数量。通过销售管道，销售人员可以看到潜在客户所处的位置，了解如何做来推进进度。销售团队管理者则可以通过查看销售管道更好地组织、管理和优化销售人员跟进客户的各个阶段。

（21）SDR：Sales Development Representative 首字母缩写，指销售开发代表，主要负责对线索池中的大量内部线索（Inbound Leads）进行初步筛选，以及主动获取外部销售线索（Outbound Leads），进行商机拓展，为销售漏斗添加潜在的客户源，并推动线索进入销售流程。

（22）MQL：Marketing Qualified Lead 首字母缩写，即市场合格线索，是指潜在客户在营销活动和策略下表现出对产品或服务感兴趣，并达到了一定程度的"合格"标准，可以被转移给销售团队进行进一步的跟进。换句话说，MQL 是营销部门经过初步筛选和培育后认为有购买意向的潜在客户。

（23）SQL：Sales Qualified Lead 首字母缩写，即销售合格线索，指的是经过销售团队进一步跟进，确认具有成交潜力的潜在客户。

（24）线索评分：是一种在营销和销售中广泛应用的方法，用于对潜在客户（线索）进行定量评估和排名，以确定其购买意向和优先级。通过线索评分模型，营销和销售团队可以更加精准地识别最有可能成为购买者的潜在客户，优先处理高质量的线索，提高销售效率和转化率。

（25）客户评级：是一种对现有客户进行分类和排序的方法，旨在了解客户的价值和购买潜力，以更好地管理客户关系和优化销售策略。通过客户评级，企业可以将客户划分为不同的等级或类别，分配不同的跟进优先级和销售资源，从而更有针对性地提供个性化的服务，提高成交概率。

（26）客户群画像：是指某一类客户群体所具有的特点，通过对该类客户群体的数据进行分析得出。绘制客户群画像依赖数据挖掘和分析技术。在数据挖掘过程中，可以使用不同的分类器、聚类算法等对客户数据进行分类和归纳，以发现客户群体的共性和特征。

（27）线索响应时间：是指企业从收到潜在客户（线索）的联系或咨询信息，到回应或回复该潜在客户的时间间隔。它反映了企业对潜在客户需求的敏感程度和响应效率。

（28）客户需求：是指客户对产品、服务或解决方案的具体要求或期望。了解和满足客户需求是企业取得成功的关键因素之一。

（29）客户信号：是指在销售跟进过程中，客户在与销售人员或企业互动中传递的各种信息和信号，包括客户的语言、行为、态度、观点和需求等，对销售进程有促进作用。通过客户信号，销售人员能更好地了解客户需求和意愿，从而进行更有效的销售和服务。客户信号适用于不同类型的订单和销售场景。

（30）客户旅程：是指一个客户从初次接触企业的营销触点开始，直到成为其客户并享受其服务、与企业互动的全过程。客户旅程是营销领域重点研究的经典课题，一些理论称之为顾客体验路径。

（31）AIDA 模型：是一种在市场营销和广告领域广泛应用的理论模型，由美国营销专家埃尔莫尔·韦尔斯（Elmore Wells）在 1898 年创建，用于描述和解释潜在客户在购买过程中经历的四个关键阶段：注意（Attention）、兴趣（Interest）、欲望（Desire）和行动（Action）。

（32）4A 模型：凯洛格商学院的教授德瑞克·洛克（Derek Rucker）提出的一种客户旅程模型，4A 代表 Awareness（认知）、Attitude（态度）、Act（行动）和 Act Again（再次行动）。通过 4A 模型，市场营销人员可以更好地规划和执行广告活动，确保广告能够吸引目标受众的注意，并引导他们采取行动。

（33）5A 模型：菲利普·科特勒（Philip Kotler）将 4A 模型升级为 5A 模型，成为当前主流的客户旅程理论之一。5A 分别代表 Awareness（认知）、Appeal（诉求）、Ask（询问）、Act（行动）和 Advocate（倡导）。

（34）AARRR 模型：又被称为海盗模型，是戴夫·麦克卢尔（Dave McClure）提出的客户旅程模型。Acquisition（获取）、Activation（激活）、Retention（保留）、Revenue（收入）和 Referral（推荐）这五个单词，分别对应着客户生命周期中的五个重要环节。

（35）CRM：Customer Relationship Management 首字母缩写，指客户关系管理系统，主要作用是帮助企业管理客户关系和销售过程。

（36）ERP：Enterprise Resource Planning 首字母缩写，指企业资源计划系统，是一种综合性的企业管理软件，可以帮助企业管理业务流程、财务、人力资源、供应链等。

（37）MA：Marketing Automation 首字母缩写，指营销自动化工具，是一种集成了多个营销功能的软件平台，包括邮件营销、社交媒体营销、广告管理等多个方面。

（38）SCRM：Social Customer Relationship Management 首字母缩写，指社会化客户关系管理，是一种专门用于管理企业与客户之间在社交媒体上互动的软件系统。

（39）销售会话智能平台：一种基于人工智能技术的销售工具，旨在提高销售人员的工作效率和销售业绩。该平台利用自然语言处理、机器学习和深度学习等技术，自动分析和理解销售会话中的语音、文字和情感信息，提供智能化的建议和指导，帮助销售人员更好地与客户沟通和交流。

（40）知识金字塔：是一种用于描述组织知识体系的模型。它将知识按照层次结构进行分类，从广义到具体，形成像金字塔一样的结构。知识金字塔通常包括数据、信息、知识、智慧等层次。

（41）福格行为模型：由斯坦福大学心理学家福格（B.J. Fogg）博士于2007年提出的行为心理学模型，用于解释人类行为和行为变化的原因。该模型包含了三个要素：B（Behavior，行为）、M（Motivation，动机）、T（Trigger，触发因素）。一个人的行为是动机和触发因素共同作用的结果，即 B=MAT，A 代表能力（Ability）。如果动机足够强大、触发因素合适，且有能力，那么行为就会发生。

（42）SMART 原则：是一种用于设定目标和制订计划的方法，它有助于确保目标具有明确性和可实现性。SMART 代表了五个关键要素，分别是：具体的（Specific）、可衡量的（Measurable）、可达到的（Attainable）、相关的（Relevant）和有时间限制的（Time-bound）。

（43）CS：Customer Success 首字母缩写，即客户成功，是指企业为了满足客户需求和实现客户目标而采取的一系列战略与措施。客户成功不仅是在客户购买产品或服务后为其提供支持，还旨在确保客户在与企业建立合作关系的整个过程中都能够取得成功和满意。

（44）CGO：Chief Growth Officer 首字母缩写，即首席增长官。CGO 是一个高级管理职位，通常在企业中负责制定和实施增长战略，推动业务的持续发展和扩张。CGO 负责寻找新的商机、提高市场份额、增加销售收入和利润，同时监督市场营销、销售、产品开发和业务拓展等方面的工作。CGO 的目标是推动企业实现持续增长，并在市场竞争中保持领先地位。

（45）CLV：Customer Lifetime Value 首字母缩写，即客户生命周期价值，是指一个客户在与企业建立合作关系期间为企业带来的预期收益总和。它是一个重要的指标，用于评估客户对企业的长期贡献和价值，并帮助企业决定在客户获取、满足和保留方面的投入与策略。

（46）北极星指标（North Star Metric）：是一种在企业和产品发展中被广泛应用的概念，用于衡量业务的主要目标和成功指标。它被认为是企业或产品的核心指标，是衡量业务健康运转的最重要的标准。

2. 其他传统销售方法论

除了本书 6.1 节介绍的三种销售方法论外，经典的销售方法论还有很多，这里再列举一些，供读者参考。

（1）BANT。BANT 是一种销售人员确认客户资格的方法，由 IBM 在 20 世纪 50 年代提出，其内涵如图 I 所示。BANT 使用起来简单、快捷，但是饱受争议。很多人认为它以卖方为中心，没有将客户放到第一位，已经过时了。另外一个争议是关于时间的，一些人认为，BANT 可能使企业错过近期没有计划购买产品但在长期内可以转化的潜在客户。

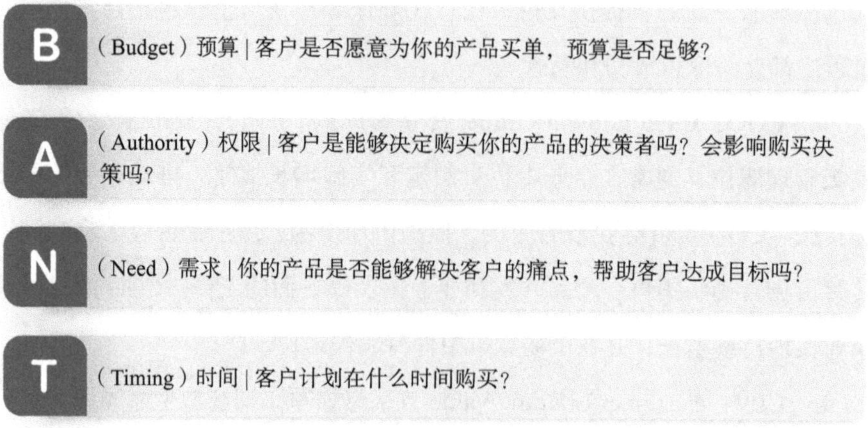

B （Budget）预算 | 客户是否愿意为你的产品买单，预算是否足够？

A （Authority）权限 | 客户是能够决定购买你的产品的决策者吗？会影响购买决策吗？

N （Need）需求 | 你的产品是否能够解决客户的痛点，帮助客户达成目标吗？

T （Timing）时间 | 客户计划在什么时间购买？

图 I　BANT 的内涵

（2）CHAMP。CHAMP 由 InsightSquared 公司设计而成，适用于潜在客户还没有完全理解公司产品和服务的情况，其内涵如图 Ⅱ 所示。CHAMP 强调以客户需求为中心，将了解客户面临的挑战放在首位，销售团队能够确定公司产品和服务是否适合客户使用，能够帮助销售人员将不需要公司产品和服务的不合格线索剔除掉。但 CHAMP 也存在弊端，即可能导致销售周期延长。

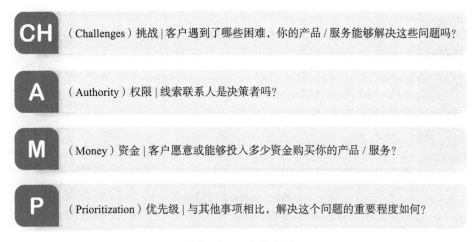

图 Ⅱ　CHAMP 的内涵

（3）MEDDIC。MEDDIC 是 美 国 参 数 技 术 公 司（Parametric Technology Corporation）在 20 世纪 90 年代早期创建的一套方法论，其内涵如图 Ⅲ 所示。MEDDIC 销售法专注于买家组织内部发生的决策过程，旨在帮助销售人员在与复杂组织接触时清晰地了解其需求，以便可以为其量身定制销售策略。

MEDDIC 的优点如下。

①帮助销售人员了解买家的购买流程。

②提供更加精确的销售管道。

MEDDIC 的缺点如下。

①需要合适的软件管理大量信息。

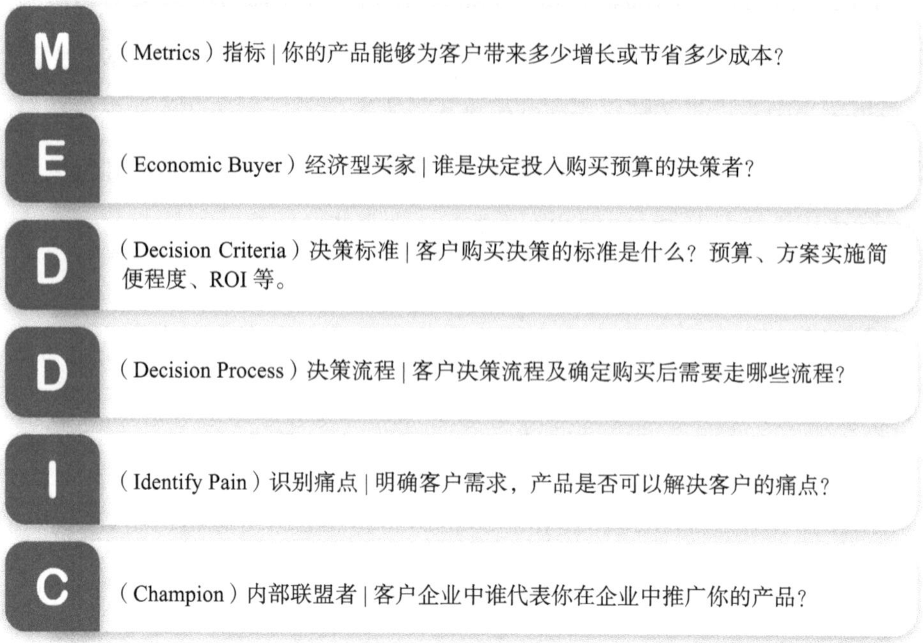

M	（Metrics）指标｜你的产品能够为客户带来多少增长或节省多少成本？
E	（Economic Buyer）经济型买家｜谁是决定投入购买预算的决策者？
D	（Decision Criteria）决策标准｜客户购买决策的标准是什么？预算、方案实施简便程度、ROI 等。
D	（Decision Process）决策流程｜客户决策流程及确定购买后需要走哪些流程？
I	（Identify Pain）识别痛点｜明确客户需求，产品是否可以解决客户的痛点？
C	（Champion）内部联盟者｜客户企业中谁代表你在企业中推广你的产品？

图Ⅲ　MEDDIC 的内涵

②没有以客户需求为中心。

③需要花费大量时间开展客户调研工作。

（4）FAINT。FAINT 是全球销售培训公司 RAIN Group 的总裁迈克·舒尔茨（Mike Schultz）为了改善 BANT 方法发展出的一个客户资格认定方法，其内涵如图Ⅳ所示。

资金不等同于预算。迈克·舒尔茨认为，只关注 BANT，销售人员会因预算问题而错过没有预算但有需求的客户。在缺乏预算的情况下，买方也能做出购买决策，如果销售人员能够阐释产品或服务的价值，买方有强烈的需求，就会想方设法购买。他建议关注有大量资金能够购买产品的组织和买家，即使他们没有预算。

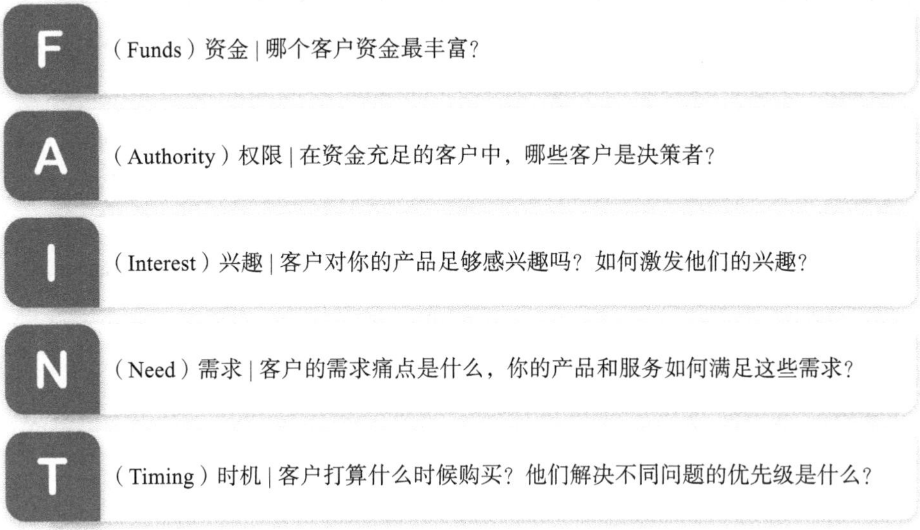

F （Funds）资金 | 哪个客户资金最丰富？

A （Authority）权限 | 在资金充足的客户中，哪些客户是决策者？

I （Interest）兴趣 | 客户对你的产品足够感兴趣吗？如何激发他们的兴趣？

N （Need）需求 | 客户的需求痛点是什么，你的产品和服务如何满足这些需求？

T （Timing）时机 | 客户打算什么时候购买？他们解决不同问题的优先级是什么？

图Ⅳ　FAINT 的内涵

FAINT 与 BANT 的不同之处在于买方的兴趣。FAINT 让买方知道，相较于向现实妥协，销售人员推荐的产品能够帮他们解决问题，让他们产生兴趣。但这也可能只是浪费时间，因为 FAINT 可能使销售人员错失虽然资金不多但对产品真正有需求的客户。

（5）ANUM。ANUM 与 BANT 具有相似的元素，不过顺序有所不同，其内涵如图Ⅴ所示。ANUM 强调客户的决策权力而非预算，在 ANUM 模型中，资金是最后一个考虑因素，相对更加注重与客户建立信任关系。ANUM 确保销售人员在一开始就与正确的人对话，这是合理的。因为如果销售人员不与决策者对话，那么销售成功的概率很小。但同时这也可能是一个劣势，相较于中层管理者，高层管理者很少花费较多的时间和精力参与购买流程。

A	（Authority）权限 | 潜在客户（线索）是能够决定购买你的产品的决策者吗？
N	（Need）需求 | 潜在客户（线索）的需求是什么？你的产品和服务能够解决他们的问题吗？
U	（Urgency）紧急程度 | 潜在客户（线索）会很快下定决心购买吗，还是会拖比较久？
M	（Money）资金 | 潜在客户（线索）有为你的产品和服务买单的资金吗？

图Ⅴ　ANUM 的内涵

（6）GPCTBA/C&I。GPCTBA/C&I（又被简称为 GPCT）起源于 HubSpot 公司，是对数字时代买方行为不断变化的回应，它致力于将公司产品 / 服务与客户的目标和资源匹配。GPCTBA/C&I 的内涵如图Ⅵ所示。

如今，人们可以更容易地对不同的产品和服务进行更加深入和细致的了解，基本的介绍已经不够了，这也是为什么 GPCTBA/C&I 要求销售人员注重产品知识的价值。它将销售人员变成一个具有教育使命的顾问的角色，需要在销售流程中传递真正的价值，需要深入了解有关潜在客户商业模式、目标，以及如何帮助他们实现愿景的所有信息。

如果销售人员的客户对象是正在快速成长或者具有前瞻思维的企业，那么就可以选择 GPCTBA/C&I 方法论。快速成长和具有前瞻思维的企业拥有目标，它们的未来发展十分依赖目标能否达成。以客户为中心，聚焦目标、计划和挑战的销售团队对于买方来说具有巨大价值。但是如果销售团队很小，资源有限，GPCTBA/C&I 就不是一个好的选择。

G	（Goals）目标 | 客户的主要目标是什么？
P	（Plans）计划 | 为达成目标，客户正在做什么，计划做什么？
C	（Challenges）挑战 | 客户遇到了什么困难 / 挑战，你的产品 / 服务能够解决吗？
T	（Timeline）时间轴 | 客户是否具有达成目标的时间轴？对你的产品需求紧急吗？
B	（Budget）预算 | 客户是否有足够的资金购买你的产品？
A	（Authority）权限 | 客户是决策者吗？
C	（Negative Consequences）不良结果 | 如果未达成目标，会有什么不良结果？
I	（Potential Implications）潜在影响 | 使用产品会给企业带来什么影响？

图Ⅵ　GPCTBA/C&I 的内涵

（7）NOTE。NOTE 方法论于 2016 年由 KiteDesk 的 CEO 西恩·伯克（Sean Burke）提出，其内涵如图Ⅶ所示。西恩·伯克不喜欢他们当时以卖方为中心的方法，在买方为中心的时代，销售人员需要一个帮助他们和客户建立关系、传递价值的工具。而当时已有的方法都满足不了他的需求，于是 NOTE 应运而生。

NOTE 的优点如下。

①帮助销售人员与客户建立相互尊重的关系，即使他们不会转化。

②帮助卖方培育客户。

N（Need）需求 | 客户对我的产品有需求吗？

O（Opportunity）机会 | 你的产品 / 服务 / 解决方案能够给客户带来什么机会？

T（Team）团队 | 你的解决方案实施后，谁会受到影响？

E（Effect）效果 | 你和客户之间的合作会带来什么结果？

图Ⅶ NOTE 的内涵

NOTE 的缺点如下。

①团队成员可能浪费时间做大量"记者"（问询）的工作。

②销售团队较小的企业会超负荷工作。

（8）NEAT。NEAT 也是一个能够代替 BANT 的方法论，更加关注客户面临的问题和挑战。它能够帮助销售人员创建一个改善品牌认知、促进销售的沟通流程。NEAT 的内涵如图Ⅷ所示。

N（Need）需求 | 客户对你的产品有需求吗？

E（Economic Impact）经济影响 | 你的产品 / 服务 / 解决方案的应用能给客户带来什么结果？

A（Access to Authority）权限 | 你联系的人具有决策权吗？

T（Timeline）时间 | 你的客户对你的产品需求的紧急程度如何？

图Ⅷ NEAT 的内涵